SOBERANIA DIGITAL

ARTHUR L. S. MACEDO

SOBERANIA DIGITAL

Liberdade de expressão, autorregulamentação e notícias falsas

Copyright © 2023 Editora Manole Ltda., por meio de contrato de coedição com o autor.

EDITORA: Eliane Otani
PRODUÇÃO EDITORIAL: Eliane Otani – Visão Editorial
PROJETO GRÁFICO E EDITORAÇÃO ELETRÔNICA: Eliane Otani – Visão Editorial
CAPA: Sopros Design

CIP-BRASIL. CATALOGAÇÃO NA PUBLICAÇÃO
SINDICATO NACIONAL DOS EDITORES DE LIVROS, RJ

M119s

    Macedo, Arthur L. S.
      Soberania digital : liberdade de expressão, autorregulamentação e notícias falsas /
Arthur L. S. Macedo. - 1. ed. - Santana de Parnaíba [SP]: Manole, 2023.
    122 p. ; 23 cm.

    Apêndice
    Inclui bibliografia
    ISBN 978-65-5576-785-8

    1. Tecnologia e direito. 2. Fake news. 3. Liberdade de expressão. I. Título.

22-80085
               CDU: 34:004

Gabriela Faray Ferreira Lopes - Bibliotecária - CRB-7/6643

Todos os direitos reservados. Nenhuma parte deste livro poderá ser reproduzida, por qualquer processo, sem a permissão expressa dos editores. É proibida a reprodução por fotocópia. A Editora Manole é filiada à ABDR – Associação Brasileira de Direitos Reprográficos.

1ª edição – 2023

Editora Manole Ltda.
Alameda América, n. 876
06543-315 – Santana de Parnaíba – SP – Brasil
Tel.: (11) 4196-6000
www.manole.com.br | https://atendimento.manole.com.br

Impresso no Brasil | *Printed in Brazil*

Durante o processo de edição desta obra, foram tomados todos os cuidados para assegurar a publicação de informações precisas e de práticas geralmente aceitas. Caso algum leitor se sinta prejudicado, favor entrar em contato com a editora.

Aos jornalistas Maria Ressa e
Dmitry Muratov, ganhadores do
Prêmio Nobel da Paz de 2021, por
sua luta corajosa em defesa da
liberdade de expressão nas Filipinas
e na Rússia, respectivamente.
E a Frances Haugen, ex-gerente
de integridade cívica do Facebook,
por expor o abuso de poder e o
perigo à democracia em casos
recorrentes da gigante rede social.

SOBRE O AUTOR

Arthur L. S. Macedo nasceu em São Paulo, SP. É um dos dois filhos de um improvável, mas necessário, encontro de uma professora com um policial militar. Advogado e internacionalista, educou-se durante toda sua vida na escola pública e, hoje, é formado em Direito pela Universidade de São Paulo (USP) e em Relações Internacionais pela Universidade Estadual Paulista "Júlio de Mesquita Filho" (Unesp). Destaca-se, ainda, a sua experiência de cerca de 10 anos no mercado das *fintechs*, ao cofundar uma empresa aos 23 anos, da qual foi o diretor comercial e que, agora, é um dos poucos unicórnios do Brasil. Seu conhecimento combinado em tecnologia, relações internacionais e direito propiciou a gestação desta obra, a qual foi apresentada como tese de láurea, por ocasião do cumprimento do último requisito de formação como bacharel em Direito no Largo de São Francisco, tendo recebido nota máxima e menção honrosa, com recomendação de publicação pela banca, presidida por seu orientador, o professor e ministro do STF, Enrique Ricardo Lewandowski.

AGRADECIMENTOS

Ao Princípio Sagrado, por mais esta divina oportunidade. À minha família – consanguínea e afetiva – e à minha companheira, por serem mais que a base.

Ao meu orientador, sempre professor, e Ministro do Supremo Tribunal Federal (STF), Enrique Ricardo Lewandowski, com admiração e gratidão pelo incansável e exitoso enfrentamento dos desafios que o país e a Constituição da República o chamaram para responder – principalmente no último ano, que coincide com o apoio ao longo do período de elaboração do trabalho (tese de láurea), de 2021, que originou esta obra.

Às minhas amigas e aos meus amigos, novos advogados e advogadas paulistas: Aléxia Rosa, Caio Augusto C. Barbosa, Felipe P. do Amaral, Guilherme L. Moreira, Guilherme P. de Andrade, José Henrique da S. Neto, Juliana Toffoli, Luísa Bernardes, Maria Eduarda G. Schettini, Ramon B. Baptistella, Lucca C. Z. Paiva, Henrique Afonso da C. de Sousa, Nathalia de B. Ferron e Tokio K. Neto.

Aos monitores e amigos que me incentivaram e corresponderam à minha vocação pelos Direitos do Estado e Constitucional, fundamentais e humanos: Dra. Amanda Melillo de Matos, Dr. Marco Antônio Riechelmann Júnior e Dr. Túlio Venturini de Souza.

Aos desembargadores e Professores Doutores José Raul Gavião de Almeida e Manoel de Queiroz Pereira Calças, aos advogados e Professores Doutores Hélcio Maciel França Madeira, Luís Eduardo Shoueri, Sérgio Salomão Shecaira, e ao Promotor de Justiça de São Paulo e Professor Doutor Ricardo de Barros Leonel, pela amizade, pelo profundo ensino jurídico e pelos anos de convivência, que contribuíram para que a passagem pelas Arcadas fosse marcada também pela leveza no cumprimento do dever e altivez d'alma.

Aos professores e professoras Alamiro V. Salvador Netto, Alexandre de Moraes, André de Carvalho Ramos, Conrado Hübner Mendes, Estêvão Mallet, Flávio Luiz Yarshell, Flávio Roberto Batista, Helena Regina Lobo da Costa, Humberto B. Ávila, Manoel Carlos de Almeida Neto e Maria Paula Dallari Bucci, pela formação em Direito digna dos primeiros lugares em qualquer avaliação da Faculdade de Direito do Largo de São Francisco.

Ao desembargador Luis Augusto de Sampaio Arruda e à sua equipe, que, durante os meses de estágio nas 13ª e 8ª Câmaras da Seção Criminal do Tribunal de Justiça de São Paulo, muito me ensinaram.

Ao Juiz de Direito Dr. Ênio José Hauffe, que, durante os meses de estágio na 15ª Vara da Fazenda Pública, foro central, da comarca da capital, do Tribunal de Justiça de São Paulo, para além da amizade nutrida até hoje, foi o primeiro a me guiar pelas veredas iniciais da prática jurídica, mostrando-me, com brilho, o reto caminho da magistratura.

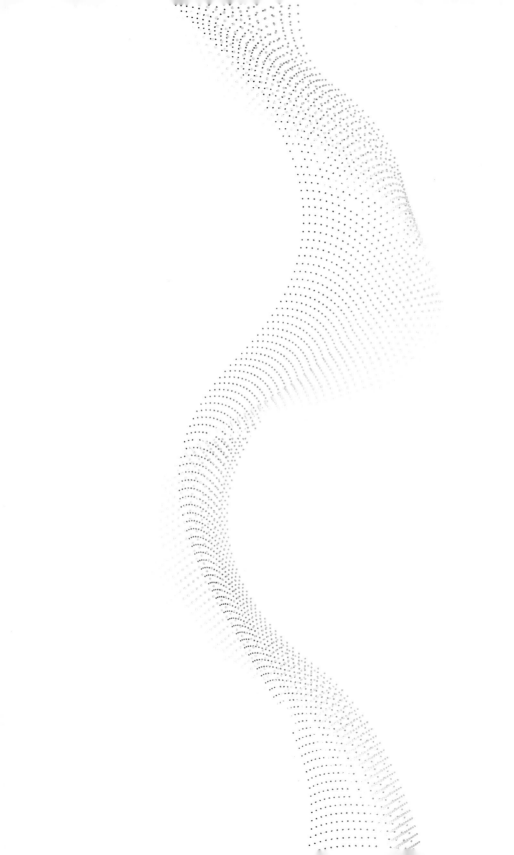

APRESENTAÇÃO

"A era digital vem revolucionando o Direito, que busca se adequar aos mais diversos canais de realização da vida inserida ou tangenciada por elementos virtuais[...]". * Entrementes, a partir do desenvolvimento da internet, o século XXI deu novos contornos à comunicação de massa, encontrando seu apogeu nas redes sociais. Contudo, mesmo dentre seus múltiplos benefícios, com a atual utilização desses mecanismos digitais, tem sido possível divisar alguns preocupantes desafios à manutenção da soberania, por exemplo: uma empresa privada de tecnologia, localizada em outro país, tem a capacidade técnica de regular, julgar e sancionar conflitos sociais no concerto digital. Frente a esse problema e a outros, como o da desinformação e o de ataque às instituições e ao processo democrático, três foram os objetivos deste trabalho: i) delinear os contornos jurídicos da soberania no Estado democrático de direito brasileiro no século XXI, isto é, analisar o conceito e os atributos do instituto e constatar se houve mutações ou adequações na era digital, sob o recorte das redes sociais; ii) discernir qual o grau de conformidade das práticas comuns de autocontrole e autorregulamentação desses aplicativos e dos seus contratos jurídicos de adesão frente à soberania do Brasil, em seus aspectos formais e materiais; iii) compreender como a soberania do Estado democrático é resguardada pelo órgão de cúpula do Poder Judiciário, em tempos de grande protagonismo de uso das redes sociais nos assuntos da República. Neste ponto, foi realizado um breve estudo de caso do inquérito das *fake news*; por fim, com o alcance desses objetivos, buscou-se conceituar o que se pode entender por "soberania digital" como espécie de seu gênero, à guisa de conclusão.

---

*   OAB – Ordem dos Advogados do Brasil. XXXIII Exame de Ordem Unificado. 1ª fase – Prova Objetiva. 17 de outubro de 2021. Caderno prova de questões do tipo 4 – AZUL. Questão 45. Fundação Getulio Vargas, 2021. Disponível em: https://oab.fgv.br/NovoSec.aspx?key=ZFguMblfv2o=&codSec=5149. Acesso em: 29 mai. 2022.

SUMÁRIO

SOBRE O AUTOR 6

AGRADECIMENTOS 8

APRESENTAÇÃO 12

INTRODUÇÃO 16

Capítulo 1. O DESAFIO À SOBERANIA NO CONCERTO DIGITAL 22

Capítulo 2. A ÚLTIMA PALAVRA NO TERRITÓRIO DIGITAL 46

Capítulo 3. O STF: SOBERANIA, NOTÍCIAS FALSAS E O INQ 4.781 68

Capítulo 4. SOBERANIA DIGITAL: À GUISA DE CONCLUSÃO 88

REFERÊNCIAS 102

ANEXO A – CONTRATO DE ADESÃO DO FACEBOOK 110

INTRODUÇÃO

Governos do mundo industrial, gigantes obsoletos de carne e aço, eu **venho do ciberespaço**, o novo lar da mente. Em nome do futuro, eu exijo a vocês do passado que nos deixem em paz. Vocês não são bem-vindos entre nós. Vocês **não possuem soberania onde nos reunimos.**[1] (tradução nossa, grifo nosso)

A ideia de imunidade à soberania não é uma reivindicação nova no contexto jurídico desse instituto de diversos ordenamentos, uma vez que tanto a inovação e o desenvolvimento do mercado global e financeiro (a exemplo do paradigma inaugurado com as instituições de Bretton Woods) quanto o grau de influência que corporações e grupos econômicos transnacionais exerceriam sobre os Estados e suas instituições, a partir do fenômeno da globalização, já foram apontados como fatores preponderantes a embasar esse conceito.[2]

No entanto, John Perry Barlow – um dos fundadores da Eletronic Frontier Foundation (EFF), criada em 1990 – foi além ao escrever a "Declaração de independência do ciberespaço", na qual sustenta que esse lugar novo, a internet e seu ambiente virtual, criado graças à transposição da fronteira física, seria a concretização de um território livre de constrangimentos estatais, impossível de ser alcançado por suas leis, uma vez que está separado dos territórios materiais de todas as geografias socialmente organizadas e reguladas pelo Direito, ou seja, nesse *locus*, a última palavra a respeito de quaisquer desarranjos ou circunstâncias ficaria reservada sempre à autorregulamentação, de acordo com seus próprios meios, mediante um contrato social firmado entre seus usuários,[3] independentemente das eventuais assimetrias na capacidade de pactuar, possíveis de serem constatadas entre seus criadores e seus destinatários.

---

1   Trecho extraído do primeiro parágrafo do texto *"A declaration of the independence of cyberspace"*, assinado por John Perry Barlow em Davos, Suíça, em 08 de fevereiro de 1996, em cuja redação original se lê: *"Governments of the industrial world, you weary giants of flesh and steel, I come from cyberspace, the new home of mind. On behalf of the future, I ask you of the past to leave us alone. You are not welcome among us. You have no sovereignty where we gather".* BARLOW, 1996.

2   LEWANDOWSKI, 2004, p. 293.

3   LEONARDI, 2019, p. 24.

Nessa esteira, o desafio à soberania e à sua estrutura no Direito tem ainda mais relevância frente ao contexto das redes sociais virtuais, já que estas levaram as palavras de Barlow a outro patamar nos últimos anos, dado o poder que os aplicativos exercem no Brasil e no mundo, o que, paulatinamente, tem modificado a realidade fática, que, até então, era regida quase exclusivamente pelo protagonismo da presença no mundo físico. Preliminarmente, diz-se "quase" porque, desde o surgimento da imprensa e das revoluções industriais – com destaque para a revolução técnico-científica-informacional –, a comunicação entre Estados soberanos, assim como entre as pessoas físicas e morais, vem se estreitando, com destaque, até meados do século passado, para o telégrafo, a telefonia, a radiodifusão e a televisão. Ou seja, a intercomunicação, cada vez mais presente e em larga escala, tem sido fundamental para a consecução de preceitos fundamentais constitucionais e de direitos humanos, tais como liberdade de expressão, liberdade de imprensa e acesso à informação, que, por sua vez, levam ao aparecimento da "opinião pública", um dos principais indicadores da democracia para David Runciman.[4]

A partir do desenvolvimento e da popularização da internet, o século XXI deu novos contornos à comunicação de massa, encontrando, nas redes sociais, o seu apogeu. Contudo, mesmo com seus múltiplos benefícios, a atual utilização desses mecanismos digitais tem revelado um preocupante desafio à manutenção da soberania do Estado democrático de direito. Por exemplo: uma empresa privada de tecnologia, localizada em outro país, tem a capacidade técnica de regular, julgar e sancionar conflitos sociais no concerto digital. Essa situação demonstra a possibilidade de ocorrência de tolhimento ou inibição do exercício de alguns direitos fundamentais dos cidadãos, como a liberdade de expressão – fundamento da disciplina do uso da internet no Brasil –,[5] algo que sequer o Estado e seus poderes cons-tituídos estão autorizados a fazer fora dos limites legais. Ou seja, há uma clara mitigação não autorizada da soberania constitucional.

Como se não bastasse, a popularização da internet acarretou, ainda, outros desafios aos Estados: a) uso militar da rede mundial de computadores na chamada guerra híbrida, como forma de ataque a sistemas de aliados ou

---

4   RUNCIMAN, 2018.

5   Cf. BRASIL, 2014.

de inimigos, seja para o levantamento de informações, com o aperfeiçoamento da espionagem, ou para a interrupção e incapacitação das comunicações e serviços de nações beligerantes, estratégicas ou de interesse[6] (mais de cem milhões de ataques cibernéticos ocorrem todos os dias no mundo);[7] b) ferramenta para organização de protestos e revoltas que objetivam a instalação de governos autoritários e de exceção; c) fragilização da privacidade e da proteção de dados pessoais; d) "guerra fria digital" no mercado global de conectividade 5G, uma disputa travada principalmente entre os Estados Unidos da América e a República Popular da China, em busca da capacidade de influência na determinação tecnológica dos demais Estados, posto que a comunicação nesse novo padrão representará um avanço exponencial em termos de velocidade no intercâmbio de grandes quantidades de dados.[8]

Por outro lado, frente a esses desafios no âmbito das redes sociais,[9] o presente recorte teórico do Direito exigiu o estudo dos contornos jurídicos

---

6   *"President Joseph R. Biden Jr. spoke today with President Vladimir Putin of Russia. They discussed a number of regional and global issues, including the intent of the United States and Russia to pursue a strategic stability dialogue on a range of arms control and emerging security issues, building on the extension of the New START Treaty. President Biden also made clear that the United States will act firmly in defense of its national interests in response to Russia's actions, such as cyber intrusions and election interference. President Biden emphasized the United States' unwavering commitment to Ukraine's sovereignty and territorial integrity. The President voiced our concerns over the sudden Russian military build-up in occupied Crimea and on Ukraine's borders, and called on Russia to de-escalate tensions. President Biden reaffirmed his goal of building a stable and predictable relationship with Russia consistent with U.S. interests, and proposed a summit meeting in a third country in the coming months to discuss the full range of issues facing the United States and Russia."* [grifo nosso] Cf. ESTADOS UNIDOS, 2021.

7   Disponível em: https://threatmap.checkpoint.com/. Acesso em: 13 abr. 2021.

8   Os paradigmas do *big data* são os chamados 5V: variedade, velocidade, volume, veracidade e valor.

9   As quais, na rede mundial de computadores, podem e muitas vezes são empregadas de modo a esvaziar a autodeterminação do Estado e dos direitos fundamentais de seus cidadãos, violando os direitos à informação e à cidadania pela disseminação sistêmica de notícias falsas ou fabricadas (*fake news*), fatos investigados no Inquérito 4.781 no E. Supremo Tribunal Federal, em mais um exemplo de grande pertinência.

da soberania brasileira, a partir da Constituição da República de 1988 e de sua jurisprudência, nos últimos anos do século XXI. Por essa razão, ainda que sejam muitos os recortes possíveis, como visto anteriormente, e dado que a tese exige uma maior delimitação e especialidade jurídica, preferiu-se a seguinte proposta temática a ser trabalhada, uma vez que seus elementos estão imbricados: "A soberania do Estado democrático de direito brasileiro no concerto digital das redes sociais no século XXI: liberdade de expressão, autorregulamentação e notícias falsas".

A partir do tema e da sua justificação, três foram os objetivos desta Tese de Láurea: i) delinear os contornos jurídicos da soberania no Estado democrático de direito brasileiro no século XXI, isto é, analisar o conceito e os atributos do instituto, bem como saber se sofreram mutações e/ou adequações a partir da massificação de informações e comunicações na era digital, sob o recorte das redes sociais; ii) discernir qual o grau de conformidade das práticas comuns de autocontrole e autorregulamentação desses aplicativos e dos seus contratos jurídicos de adesão, frente à soberania do Brasil em seus aspectos formais e materiais; iii) compreender como a soberania do Estado democrático de direito brasileiro é resguardada pelo órgão de cúpula do Poder Judiciário, em tempos de grande protagonismo de uso das redes sociais nos assuntos da República.

Assim, as metodologias e o desenvolvimento dos capítulos se deram a partir da busca desses objetivos, os quais lançaram luz sobre a hipótese temática, com os seguintes fios condutores:

- Com a consolidação do repertório bibliográfico, houve levantamento de textos elementares à compreensão jurídica do objeto. Aponta-se o livro *Globalização, regionalização e soberania*, do Professor Lewandowski, como a principal base teórica relacionada ao desenvolvimento de toda a tese, dentre outras;

- O segundo capítulo consistiu em pesquisar, colacionar e analisar as condutas das redes sociais em seu âmbito digital diante dos aspectos delineados da soberania, com o objetivo de conhecer a expressão fática da sua vontade real, bem como analisar, nesse contexto, o principal contrato de adesão das redes sociais (vontade formal), que é o do Facebook, isso com base no número de brasileiros aderidos que exercitam seu direito à liberdade de expressão nesse aplicativo. Nesse ponto, foi de suma importância o atravessamento bibliográfico, dentre outros, de uma literatura paradigma: *The age of surveillance capitalism*, de Shoshana Zuboff,[10] por apresentar as principais técnicas de engajamento e o *modus operandi* das redes sociais na realização de seus objetivos;

- Já o terceiro capítulo envolveu a análise de jurisprudência do STF, com destaque para o estudo dos principais acórdãos e decisões, principalmente aqueles que orbitam o Inquérito 4.781, conhecido como inquérito das *fake news*, em razão da sua pertinência com o tema;

- Por fim, com o alcance dos objetivos da tese, após o emprego dos métodos elencados, buscou-se conceituar o que se pode entender por "soberania digital" como espécie de seu gênero, à guisa de conclusão.

---

10   ZUBOFF, 2020.

O DESAFIO À SOBERANIA NO CONCERTO DIGITAL

1

A clivagem deste livro é o encontro da liberdade de expressão, da autorregulamentação e das notícias falsas – ou seja, a correlação desses três tópicos no âmbito digital das redes sociais, com destaque para o Facebook e suas práticas materiais e formais como um dos desafios à soberania brasileira. A escolha pela análise mais amiudada do Facebook, bem como de seus termos de uso, deu-se em razão de ser objetivamente conhecido o número de usuários dessa rede social no Brasil, bem como pelo relevante fato de que, sozinha, essa empresa também é dona do Instagram e do WhatsApp, aplicativos de comunicação de grande utilização e aderência no país.

Por consequência, fez-se necessário buscar, na literatura especializada, eventuais espectros (com algumas variações óticas) de constatações que vão ao encontro desse tema, o que requereu também, durante o processo, a definição do que se entende juridicamente por soberania, Estado democrático de direito brasileiro, concerto digital, redes sociais, liberdade de expressão, autorregulamentação (e nesse contexto: superávit comportamental e poder instrumentário) e notícias falsas, para só então, ao final da tese, melhor racionalizar a sua relação na compreensão do que se poderá entender por soberania digital.

Os três elementos supracitados são, portanto, fundamentais, já que algumas de suas possíveis combinações podem levar ao potencial declínio da soberania, cuja autoridade política provém do "Estado, que, por sua vez, aufere seu poder do povo".[11] Em outras palavras, quando alguns anagramas interpretativos da liberdade de expressão, da autorregulamentação e das notícias falsas no concerto digital se encaixam com o propósito de condicionar ou viciar o exercício da democracia, a base da soberania se fragiliza; quando, por outro lado, esse encaixe é sistematicamente utilizado para promover a ruptura das instituições, pervertendo o Estado de direito, fragiliza-se a ponte entre o poder do povo e a autoridade política que sustenta o instituto da soberania; por fim, quando a soberania é exercida no território digital sem autoridade para tanto, posto que desconexa com o poder originário, isto é, fora dos limites constitucionais, também se esvazia o instituto da última palavra legítima.

---

11   BOLI, 2001 apud LEWANDOWSKI, 2004, p. 296.

Nesse sentido, é o "constitucionalismo nacional" que orienta a correlação entre soberanias desde o padrão inaugurado em Westphalia, visto que uma não pode ser superior à outra, sob pena de o mundo instituir uma ordem internacional baseada na hierarquia formal dos Estados, o que levaria ao esvaziamento do "paradigma básico da agenda das relações internacionais" e do direito internacional,[12] fenômeno que não ocorreu com o avanço da globalização nem com o surgimento da internet, caso contrário, na prática, isso representaria um retorno à soberania pré-westphaliana.[13] Outrossim, cabe retornar àqueles encaixes possíveis de desafiarem justamente esse padrão, ainda na esteira do fenômeno da globalização.

"Não são poucos [...] os que defendem a tese do fim ou da relativização da soberania e, até mesmo, do desaparecimento do Estado, diante do fenômeno da globalização".[14] Assim constata Lewandowski, quando revisitou o instituto jurídico da soberania após tê-la esmiuçado em "A evolução [...]", bem como após ter analisado os múltiplos desafios a que foi submetida durante o que chamou de seu "compartilhamento".[15]

Destarte, não é demais compreender que a massificação comunicativa catapultada pelas redes sociais virtuais (porque malhas de comunicações físicas não são fenômeno novo)[16] na última década, em todo o mundo, é um dos múltiplos efeitos do fenômeno globalizante apontado, o qual tomou

---

12   CANOTILHO, 1999 apud opus citatum.

13   Cf. Tratados de Westphalia ou Paz de Westphalia em RANIERI, 2019, p. 107: "Por meio deles, consagrou-se a regra *hujus régio, ejus religio*, ou seja, 'na região deles, a religião deles', o que implicou, para os Estados, o mútuo reconhecimento da soberania no território nacional e igualdade no plano internacional. Do ponto de vista prático, significa reconhecer que, em determinado território, vige a ordem jurídica imposta pelo seu soberano. Aí se encontram as raízes do princípio da territorialidade do Direito, que passaria a reger a concepção de existência, eficácia e aplicabilidade das normas jurídicas nacionais, em substituição ao princípio da personalidade do ordenamento jurídico vigente em épocas anteriores. Aí se encontram definidos, igualmente, os elementos essenciais à existência dos Estados modernos: base territorial e sistema jurídico nacional".

14   LEWANDOWSKI, 2004, p. 293.

15   Ibidem, p. 253-296.

16   Cf. CASTELLS, 1999.

roupagens mais digitalizadas à medida que se especializou, na proporção direta da velocidade que lhe é peculiar: desmaterializando-se na ramificação do concerto digital. Isso porque, segundo Lewandowski,[17] "a globalização [...] não se resume apenas à intensa circulação de capitais, bens e serviços levada a efeito em escala planetária [...]. Ela compreende também uma crescente interpenetração de culturas e de maneiras de sentir, pensar, agir e consumir",[18] razão pela qual o autor mais adiante completa:

> O processo tecnológico no campo das comunicações acabou acelerando esse processo de integração cultural, inclusive porque permitiu uma extraordinária agilização do comércio internacional [...] de todos os avanços tecnológicos, porém, **foi a fusão da informática com as telecomunicações que maior impacto causou no plano da cultura.** De fato, **a internet,** rede global que interliga, instantaneamente, cerca de 100 milhões de pessoas [...] em todo o mundo [nos idos de 2004] [...] reduziu drasticamente a distância entre as pessoas [...]. (grifo nosso)

De fato, foi no seio da internet que as redes sociais virtuais surgiram poucos anos mais tarde, por meio de seus aplicativos de comunicação instantânea disruptiva, como um verdadeiro incremento qualificado à fusão da informática com as telecomunicações, vindo a contar, contemporaneamente, com bilhões[17] de pessoas conectadas em todo o planeta, estando os cidadãos brasileiros entre seus mais fiéis adeptos.[19]

Entrementes, se já havia impacto ao "plano da cultura" naquela escala, frente aos atuais números, sua abrangência é exponencial, maximizando uma ameaça à soberania já constatada à época pelo autor, qual seja, a da "desertificação da cultura", que, em outras palavras, equivale à padronização de comportamentos, de modos de pensar e de sentir , que ficam sujeitos às vontades externas, a padrões de consumo e às leis mercadológicas sem precedentes na era digital, "que representam uma ameaça à diversidade

---

17 Cf. VITORIO, 2021.

18 Ibidem, p. 104 et seq.

19 Cf. VIEIRA, 2020.

cultural e ao pluralismo de opiniões e crenças, cuja preservação constitui condição de sobrevivência da própria democracia".[20]

Assim, quando há uma ameaça à sobrevivência do poder que emana do povo, com o esvaziamento sistemático de sua autoridade política, há um desafio direto ao pilar de sustentação do Estado, a soberania,[21] razão pela qual o quadro atual de coisas que envolve o instituto da *summa potestas* enseja o recorte objeto da presente análise, porque a soberania do Estado democrático de direito, no caso do Brasil do século XXI, sob a regência da Constituição de 1988, não autoriza uma fonte de poder diversa daquela prevista no parágrafo único de seu artigo primeiro, ainda que se esteja a falar do concerto digital, e não apenas da esfera fática de poder do mundo *off-line*; de um território virtual, e não físico, sob o domínio tecnológico e mercadológico das redes sociais.

Por outro lado, não se ignora que a realidade sempre impôs limitações à ideia de soberania, "aliás, nunca existiu e muito menos tem lugar atualmente [a ideia de uma soberania sem limites], sobretudo porque as transformações históricas pelas quais os Estados passaram fizeram com que ela acabasse ficando [...] 'mais maleável do que a noção legada pela tradição'".[22] Logo, não há, neste trabalho, uma negação ao progresso tecnológico enquanto fato interdependente ao instituto, assim como não houve uma negação aos desafios que enfrentou antes e ao longo da sua evolução histórica.

Dessa forma, fica colocada, desde já, uma das pedras angulares da Tese de Láurea: não há uma negação, uma demonização ou uma apologia autoritária contra o fenômeno do desenvolvimento tecnológico experimentado com as redes sociais virtuais. O que há, na verdade, é a hipótese de que a massificação cultural, propiciada pelas lógicas comportamentais da internet, pode diretamente vulnerar a democracia pelo que a "desertificação cultural" em si representa em termos de fragilização de direitos fundamentais constitucionalmente protegidos, principalmente no que diz respeito à soberania do Brasil.

---

20   LEMPEM, 1999 apud LEWANDOWSKI, 2004, p. 107-108.

21   BOLI, 2001 apud ibidem, p. 296.

22   POLIN, 1996 apud ibidem, p. 295.

Contudo, antes de se compartilhar os demais importantes autores que notaram e apontaram esse mesmo atual desafio à soberania no concerto digital (o que corrobora a pertinência do presente estudo), é necessário declarar parâmetros racionais mínimos que permitam estabelecer tanto o que se considera internet quanto o que se entende por concerto digital, justamente para garantir que haja base à discussão a se aprofundar no que se refere à tensão entre soberania e redes sociais virtuais, pois, "para uma atuação adequada em questões jurídicas relacionadas à internet, o conhecimento de certos elementos fundamentais a respeito da rede afigura-se imprescindível, como forma de aplicar corretamente o Direito ao caso concreto".[23]

Para tanto, recorre-se à Lei n. 12.965, de 23 de abril de 2014 – conhecida como o Marco Civil da Internet (MCI) –, mais precisamente ao inciso I do seu artigo 5º, que conceitua a internet como "o sistema constituído do conjunto de protocolos lógicos, estruturado em escala mundial para **uso público e irrestrito**, com a finalidade de possibilitar **a comunicação de dados** entre terminais por meio de **diferentes redes**" (grifo nosso).[24]

Ademais, é do mesmo artigo e de seus incisos que se infere o conceito de "concerto digital", na medida em que elenca e sistematiza o que se considera por terminal (II), endereço de protocolo de internet – endereço IP (III), administrador de sistema autônomo (IV), conexão à internet (V), registro de conexão (VI), **aplicações de internet (VII)** e registros de acesso a aplicações de internet.

Por fim, para consolidar esse alicerce de partida, resta extrair do mesmo diploma legal o que se entende por aplicações de internet, conceito no qual se encontram as redes sociais virtuais, tais como o Facebook, mais adiante analisado[25] em seus aspectos materiais e formais, na relação com os cidadãos brasileiros aderidos, sob o recorte fundamental da liberdade de expressão como direito indivisível do "plano cultural", a saber do inciso VII do já apresentado art. 5º do Marco Civil: "o conjunto de funcionalidades que podem ser acessadas por meio de um terminal conectado à internet".

---

23   LEONARDI, 2019, p. 9.

24   BRASIL, 2014.

25   Cf. Capítulo 2 deste livro.

Isso posto, e considerando o grau de abstração que define, por senso comum, o que são as redes sociais virtuais ou digitais no campo da tecnologia da informação, faz-se necessário prosseguir com a contextualização dessas definições conjugadas à soberania e aos seus desdobramentos no caso do Brasil do século XXI. Nessa esteira, escreveu Marcel Leonardi em sua obra *Fundamentos de direito digital:*[26]

> Como representa **um conjunto** global **de redes** de computador **interconectadas, não existe nenhum governo**, organismo internacional ou entidade **que exerça o domínio absoluto sobre a internet**. A regulamentação da rede **é efetuada dentro de cada país**, que é **livre** para estabelecer regras de utilização, hipóteses de responsabilidade e requisitos de acesso, **atingindo** apenas os **usuários sujeitos à soberania** daquele Estado. Como forma de impedir, investigar e reprimir condutas lesivas na rede, **são, por vezes, necessários esforços conjuntos de mais de um sistema jurídico, dependendo da localização** dos infratores e dos serviços por eles utilizados. (grifo nosso)

Ao passo que entende não haver governo capaz de dominar a internet, o autor aponta, por outro lado, a sujeição regulamentar do seu emprego à soberania de cada Estado, com condicionantes inarredáveis de localização e de características nacionais dos seus usuários, ou seja, elementos de território, povo e ordenamento jurídico nacional, somando-se, a isso, o entendimento da necessidade eventual de cooperação internacional entre sistemas jurídicos. Assim, o conjunto desses elementos demonstra a existência de um desafio potencial à soberania, ainda que não trate diretamente de qualquer ameaça à sua estrutura, questão que essa obra colaciona somente mais adiante, quando da "autorregulação".[27]

Em outra frente, Virgílio Afonso da Silva, no capítulo final de seu mais recente livro, *Direito constitucional brasileiro*, enumera sete "desafios às estudiosas e aos estudiosos do direito constitucional",[28] dentre os quais um se destaca pela pertinência que guarda com este estudo – novas tecnologias, liberdades, privacidade e democracia –, ao que o autor assevera:

---

26 LEONARDI, 2019, p. 10.

27 Ibidem, p. 24 et seq.

28 Cf. SILVA, 2021, p. 629 e 632.

Parte considerável dos **atos** cotidianos **dos indivíduos** é atualmente realizada de **forma digital**. As pessoas se informam, se comunicam, fazem compras, relacionam-se umas com as outras, solicitam ações dos poderes públicos [...] em plataformas digitais. Se, de um lado, essas profundas mudanças diminuíram distâncias, facilitaram o acesso à informação, tornaram a relação com os poderes públicos mais simples e criaram oportunidades de negócios, elas podem, de outro lado, **colocar em risco o exercício de vários direitos fundamentais**. As plataformas digitais, por meio das quais as liberdades de expressão e de informação são, em grande parte, exercidas, **pertencem a poucas corporações**, que hoje são **mais poderosas que muitos Estados** do mundo. [...] **No que diz respeito à liberdade de expressão, um dos grandes desafios ao direito constitucional e à democracia é como lidar com aquilo que se convencionou chamar de** *fake news*, termo que, embora usualmente traduzido como *notícia falsa*, talvez fosse mais bem traduzido pela expressão *notícia fabricada*. (grifo nosso)

A esse respeito, o Professor Virgílio, não fechando a questão, mas revelando-a, lança luz sobre o mesmo problema aqui estudado, na medida em que, de uma só vez, discerne que o desafio à soberania no Brasil do século XXI passa pela compreensão de que há uma arquitetura digital oligopolizada que dirige e controla o exercício de direitos fundamentais, tal como década e meia antes já apontava Lewandowski. Como se não bastasse, essa estrutura é controlada por poucas corporações, que são utilizadas como meios de disseminação em massa de notícias fabricadas ou falsas, cuja essência tem o condão de viciar consentimentos e expressões de vontade, a ponto de, por exemplo, corromper a lisura de processos eleitorais, tal como o conhecido caso da Cambridge Analytica.[29]

Esse mesmo caminho de argumentação é trilhado por David Runciman em seu livro *How democracy ends*,[30] quando o autor discorre que, considerando todas as crises à que a democracia foi submetida no século XX (inclusive objeto de sua obra anterior, *The confidence trap*),[31] o início do século XXI reservou a ela três desafios, dentre os quais está "a ameaça

---

29 BBC, 2018.

30 RUNCIMAN, 2017.

31 Ibidem.

tecnológica", que, a seu turno, abarca não apenas a massificação de comportamentos e impactos no campo da cultura, mas também a concepção de que as redes sociais poderiam passar a falsa ideia de democracia direta, cuja governança se encontra sob o controle de poucos agentes econômicos difíceis de serem responsabilizados em qualquer jurisdição e que, ao mesmo tempo, possuem inédita capacidade de vigilância sobre as pessoas, algo que nem o Estado totalitário orwelliano, no caso do livro *1984*, poderia eficazmente implementar.

Com o ensejo do tema vigilância, é Shoshana Zuboff – professora emérita na Harvard Business School – quem categorizou e nomeou esse fenômeno de ameaça à soberania no concerto digital, atribuindo-lhe o nome de "capitalismo de vigilância", sendo algumas de suas definições aqui cabíveis:[32]

> [...] 2. Uma **lógica econômica** parasítica na qual a produção de bens é subordinada a uma nova **arquitetura global de modificação de comportamento**; [...] 6. A origem de um novo **poder instrumentário** que reivindica **domínio sobre a sociedade** e apresenta **desafios surpreendentes para a democracia** de mercado; [...] 8. Uma **expropriação de direitos humanos** críticos que **pode ser** mais **bem compreendida** como um golpe vindo de cima: **uma destituição da soberania** dos indivíduos. (grifo nosso)

Nina Ranieri, por sua vez, sustenta que a soberania no início do século XXI se defronta com uma diversidade de fontes de poder e mesmo de produção de direito fora dos Estados ou como atravessamento supraestatal, o que implicaria relativização de alguns atributos do instituto, tais como da unidade.[33] Para a autora, esse fenômeno está ligado, em grande medida, ao compartilhamento do poder político já constatado por Lewandowski, visto que há uma concorrência informal de poder entre o Estado e os novos atores ligados às redes associadas à tecnologia da informação.

Por fim, apresentado o tema a partir do atravessamento possível dessas diversas óticas, tendo sido estabelecida a base teórica do objeto de estudo, em seus contornos e implicações contextuais, nas próximas páginas

---

32   ZUBOFF, 2020, p. 7.

33   RANIERI, 2019, p. 111.

passa-se à abordagem do conceito e dos atributos jurídicos da soberania – no que se incluirá a conceituação oportuna, porque sistemática, do Estado democrático de direito; à caracterização da liberdade de expressão à luz do ordenamento jurídico brasileiro; e à abordagem da legislação especial pertinente, pois, para se compreender o que é autorregulamentação no Capítulo 2, antes é necessário nomear o que é regulamentação, entendida como exercício do poder estatal legiferante, paradigma a partir do qual se pode chegar à compreensão do que são as notícias falsas ou fabricadas, cuja análise fica a cargo do estudo de caso proposto no Capítulo 3.

O CONCEITO E OS ATRIBUTOS JURÍDICOS DA SOBERANIA

Para Lewandowski, o conceito de soberania pode ser expresso a partir de dois aspectos, um político e outro jurídico. O primeiro "constitui o poder que tem um povo ou uma nação de organizar-se em Estado, estabelecendo, de forma originária e exclusiva, o seu direito",[34] enquanto o segundo "corresponde ao poder originário e exclusivo do Estado, enquanto pessoa moral, 'de declarar e assegurar, por meios próprios, a positividade de seu direito e de resolver, em última instância, sobre a validade de todos os ordenamentos internos'".[35]

Dalmo Dallari, por sua vez, exprime a conceituação do instituto como um poder "incontrastável de querer coercitivamente e de fixar competências",[36] enquanto Nina Ranieri aduz que "a soberania é o atributo que confere supremacia política e jurídica ao poder do Estado dentro do seu território".[37] Assim também estabelece José Afonso da Silva, para quem a soberania "é fundamento do próprio conceito de Estado [...] [que] significa poder político supremo e independente".[38]

---

34   LEWANDOWSKI, 2004, p. 235.

35   REALE, 1984 apud op. cit.

36   DALLARI, 2012 apud RANIERI, 2019, p. 94.

37   RANIERI, 2019.

38   SILVA, 1992, p. 95.

Já em *Dicionário de política*, de Norberto Bobbio, Nicola Matteucci define o instituto como conceito político-jurídico que "indica o poder de mando de última instância, numa sociedade [...] [a qual] pretende ser a racionalização jurídica do poder, no sentido da transformação da força em poder legítimo, do poder de fato em poder de direito".[39]

Manoel Gonçalves Ferreira Filho, ademais, afirma que a "ideia de uma ordem estatal não submetida a outra ordem da mesma espécie [ausência de subordinação] [...] é, em última análise, a soberania",[40] em uma análise que se aproxima do pacto westphaliano, isto é, a partir do paradigma das relações internacionais. Já para Alexandre de Moraes, com foco no plano interno, a soberania é "a capacidade de editar suas próprias normas, sua própria ordem jurídica (a começar pela Lei Magna), de tal modo que qualquer regra heterônoma só possa valer nos casos e nos termos admitidos pela própria Constituição".[41]

Portanto, ainda que o instituto da soberania designe o exercício de poder supremo dentro de um determinado território – como fundamento de validade do ordenamento jurídico do Estado e com a capacidade de resolução em última instância –, isso não significa exercício ilimitado ou absoluto desse poder, não apenas porque a realidade fática impeça uma reivindicação incondicional e integral do poder, mas também pelo próprio sistema constitucional e internacional de garantias e de direitos fundamentais de quaisquer dimensões, que impõe ao Estado a sua observância formal e material, motivo pelo qual, no atual estado de maturidade do instituto, a soberania é poder do Estado democrático de direito.[42]

Ranieri, nesse sentido, acrescenta que a Carta da Organização das Nações Unidas (ONU),[43] de 1945, e a Declaração Universal de Direitos Humanos,[44] publicada três anos mais tarde, representam o direito das gentes a que o Brasil voluntariamente aderiu no exercício de sua soberania,

---

39   BOBBIO, 2016, p. 1.179.

40   FERREIRA FILHO, 2015, p. 78.

41   MORAES, 2019, p. 18.

42   *Rechtsstaat*, para os autores alemães.

43   Cf. ONU, 1945.

44   UNICEF, 1948.

os quais limitam formalmente o seu emprego, impondo juridicamente duas obrigações nessa seara: i) a garantia da paz e ii) o respeito aos direitos humanos. Em outras palavras, a soberania é recíproca e sistematicamente condicionada aos direitos fundamentais da Constituição da República e aos tratados internacionais de direitos humanos dos quais o Brasil faça parte. Por essa razão, o subtítulo seguinte tratará mais amiúde da liberdade de expressão no concerto digital à luz do ordenamento jurídico, embora com menos fôlego que a presente seção, por motivos objetivos traçados na tese.

Uma vez conceituada a soberania, e antes de abordar seus atributos, faz-se necessário definir o que se entende por Estado democrático de direito, conceituado por Nina Ranieri como modalidade de Estado constitucional e internacional de direito, que promove ampla proteção de direitos fundamentais e tem, como fundamentos, a democracia, a soberania popular e a justiça social.[45]

Entrementes, em termos de sistematização constitucional e internacional, a lei fundamental de 1988[46] faz remissões à soberania não apenas no já citado parágrafo único de seu artigo 1º, mas também nos incisos LXXI do art. 5º e I do art. 170, nos artigos 14, 17, 91 e no parágrafo 5º do art. 231, enquanto a Carta da ONU nada remete expressamente a respeito, embora seja possível inferir, do seu texto, que a integração horizontal de nações soberanas se dá com o fito da promoção da paz e dos direitos humanos. Além disso, a Carta da Organização dos Estados Americanos (OEA) faz cinco menções expressas ao instituto, com destaque para o "respeito pela soberania de cada um", como princípio preambular, e para o objetivo de defesa da soberania de seus membros, já em seu artigo primeiro.[47]

Contudo, a positivação do instituto da soberania não é uma inovação da atual Carta Magna brasileira nem do seu ordenamento, já que sua ideia está presente nos primeiros artigos de todas as constituições brasileiras, da imperial às republicanas, ainda que apenas as de 1824 (art. 48), 1891 (art. 15), 1934 (arts. 3 e 178) e 1988 (supra) fizeram-na expressamente, com

---

45   Cf. RANIERI, 2019.

46   BRASIL, 1988.

47   Cf. OEA, 1948.

destaque, inclusive topológico, apenas na última Lei Fundamental, o que reforça a ideia de que a soberania é o poder do Estado democrático de direito, cuja racionalização encontrou o seu apogeu.

Nessa esteira, com o ensejo da remissão dada no inciso I do art. 170 da CF/1988 – que estabelece a soberania como o primeiro princípio da "ordem econômica, fundada na valorização do trabalho humano e na livre iniciativa [...]" –, é possível submeter o fato à norma, isto é, subsumir a internet e as redes sociais virtuais, no que se denominou concerto digital do séc. XXI, ao art. 170 e ss., uma vez que seria legítimo perguntar se há espaço para o exercício da soberania do Estado brasileiro "no" e "sobre o" território virtual das redes sociais criadas no exercício da livre iniciativa, ou seja, no seio do "mercado" ou "do domínio econômico".

Para tanto, Bercovici[48] e Grau[49] permitem compreender que o "domínio econômico" é, antes de tudo, uma disciplina jurídica, razão pela qual o Direito Econômico é aquele que estabelece os contornos da intervenção do Estado nessa frente. Com tal fundamento, em sede de controle de constitucionalidade concentrado, a exemplo da Ação Direta de Inconstitucionalidade – ADI 1.950/SP,[50] em que se discutia a conformidade de lei estadual que fixara meia-entrada para estudantes, o então Ministro Eros Grau destacou que a ordem constitucional quanto ao "domínio econômico", no que se refere também à ideia de "mercado", confere a esse instituto um caráter não ontológico, ou seja, ele não é um objeto aprioristicamente dado sobre o qual o Direito se debruça, pois isso seria o mesmo que supor que "mercado" e "domínio econômico" seriam objetos naturais, fenômenos da natureza, hipótese que não poderia estar mais equivocada.

Na verdade, os limites de tais domínios são forjados pelas normas jurídicas, estando a Constituição a ocupar o protagonismo de topo fundante nessa equação, a qual, a seu turno, estabelece artificialmente o que é "mercado" – integrante do patrimônio nacional[51] – ou "domínio econômico", na medida em que o regula, limita, conforma, incentiva, isto é, o mercado

---

48 Cf. Cap. 1 de BERCOVICI, 2005.

49 Cf. Itens 84 a 90 do Cap. 5 de GRAU, 2006.

50 BRASIL, 2005.

51 Cf. Artigo 219 da CF/1988.

é um território tão virtual quanto tecnicamente são as redes sociais, naquilo que o ministro Eros denominou de *locus artificialis*, e não *locus naturalis*.

Isso posto, a Constituição Cidadã não somente interfere no processo de participação do Estado "no" e "sobre" o domínio econômico, território virtual também das redes sociais, como também o determina, resolvendo em última instância, justamente porque tanto o Estado *per se* quanto o mercado ou domínio econômico em si são delimitados por ela. Logo, perguntar se é possível a participação do Estado nesse *locus artificialis* no século XXI seria o mesmo que imaginar que seria possível que a dilação temporal ou o decurso do tempo, em território determinado, poderia mitigar a eficácia constitucional, o que não é possível, uma vez que não só a Constituição da República está em vigor, como também a sua gramática de direitos não admite a sua interpretação "em tiras".

Assim, fica evidenciado um dos quatro atributos essenciais da soberania: a **imprescritibilidade**, que encerra as concepções de estabilidade e permanência do Estado, de transcendência do seu poder político e de direito para além dos limites temporais, pois, como seu legítimo detentor, poderá recuperá-lo de quaisquer agentes que o retiverem indevidamente. Em outras palavras, o decurso do tempo não tem o condão de subtrair do Estado democrático de direito a sua soberania, motivo pelo qual – como sempre respondem os clássicos de quem o estudo jurídico não pode se afastar – Bodin "emprestou à soberania a característica de perpétua", enquanto Rousseau e Sieyès deixaram implícita a perpetuidade dentre os atributos da soberania, porque "tanto o povo quanto a nação, como entes imperecíveis, exercem o poder sem qualquer restrição de natureza temporal". Logo, a soberania não prescreve, "ainda que seus titulares, por qualquer razão, não a exerçam. Com isso, fica afastada a possibilidade de legitimar o governo de eventuais usurpadores ou daqueles que o exerçam em caráter transitório ou precário".[52]

Dessarte, como a autoridade política da soberania reside no poder do povo, que o exerce por meio do Estado,[53] mediante a delegação aos seus mandatários eleitos no contexto da democracia representativa, sobe à superfície o segundo atributo essencial do instituto: a **inalienabilidade**,

---

52   LEWANDOWSKI, 2004, p. 239-240.
53   BOLI, 2001 apud ibidem, p. 296.

que, por sua vez, "significa que a soberania não pode ser cedida ou transferida a outra pessoa, sob pena de perecer. De fato, se o Estado perder a soberania, pela renúncia voluntária ou pela força, ele deixa de existir como tal, [...] passa a subordinar-se [...], deixando [...] de ser supremo". Por isso, delegação não se confunde com cessão ou transferência, visto que "o povo reterá sempre a soberania, sendo-lhe possível, até mesmo, alterar as instituições e a própria organização do Estado", razão pela qual Lewandowski já conceituou o instituto como poder que tem o povo de organizar-se em Estado de forma originária[54] – poder originário.

Entrementes, como a democracia age sobre o Estado, que, a seu turno, cumpre seus deveres constitucionais por meio de funções especializadas na tripartição dos poderes, a vontade geral da autoridade política se faz soberana de modo indivisível. Essa **indivisibilidade** é o terceiro atributo elementar da soberania, cujo exercício "não pode perder nenhuma das suas competências [por isso o potencial perigo da autorregulamentação das redes sociais em substituição às leis do Estado no território digital], não se admitindo tampouco a transferência destas a outra entidade, porquanto integram um todo único"[55] (comentários nossos). "Rousseau observava que a soberania é indivisível 'porque a vontade é ou não geral'. Em outras palavras, [...] [a] soberania 'se aplica à universalidade dos fatos ocorridos no Estado'",[56] razão pelo que esse trabalho busca saber se, de fato e de direito, é o Estado quem resolve em última instância no território do concerto digital ou apenas território digital.

Questão oportuna, justamente porque a **unidade** figura como o quarto e mais importante atributo da soberania, visto que não pode haver dois ou mais poderes supremos em um mesmo território, sob pena de se incorrer em uma contradição na própria *raison d'être* do instituto, a não ser que, nesse exercício de subsunção do fato à norma, por outro lado, a internet seja concebida apenas como um espaço virtual eminentemente transfronteiriço, assim como sustentam algumas teorias, tal qual a do "direito do ciberespaço", em oposição, inclusive, à teoria da autorregulamentação, por sugerir que a internet é um *locus artificialis* entre os Estados, e não mais

---

54   Ibidem, p. 237-238.

55   Idem, loc. cit.

56   ROUSSEAU, 1980 apud loc. cit.

uma camada dentre os espaços territoriais de cada Estado (aéreo, marítimo, do subsolo), como aponta Marcel Leonardi:[57]

David G. Johnson e David G. Post[58] propuseram a criação de um **"direito do ciberespaço", separado do direito convencional,** entendendo que a internet, além de ser muito diferente dos meios de comunicação e integração tradicionais, tem um alcance mundial que impossibilitaria a sua regulação por jurisdições separadas [...], **já que o ingresso nesse "mundo" de comunicações *on-line* ocorre através de uma tela e, normalmente, de uma senha, as quais agem como fronteiras [...]. A linha divisória entre essas transações *on-line* e [...] atos da vida real seria tão distinta quanto as fronteiras físicas [...].** Concluem que "o surgimento de uma mídia eletrônica que ignora fronteiras geográficas desnorteia o Direito, ao criar fenômenos completamente novos que precisam se tornar o sujeito de normas claras, mas que **não podem ser governadas,** satisfatoriamente, **por nenhum soberano territorial**". (grifo nosso)

Como se não bastasse, completa o autor que, considerando os conflitos de lei no espaço, o desenvolvimento dessa teoria (que reclama uma espécie normalizada de *bypass* no elemento unidade da soberania) logo levaria à suplementação ou até à substituição das instituições nacionais por uma hierarquicamente superior ou global. A ideia defendida por esses teóricos se traduziria, inicialmente, na necessidade de cooperação internacional, com o objetivo de se criar uma lei geral única para a internet – não uma lei quadro ou modelo, tampouco um tratado, mas uma legislação que pretenderia querer coercitivamente a partir de uma instituição global que resolvesse, em última instância, os conflitos e arranjos sociais desse ciberespaço separado: "Os Estados deveriam escolher entre 'lutar inutilmente para proteger sua soberania, cada vez menor, ou encontrar caminhos para gerenciar as relações com outros países e com o setor privado [...]".[59]

Portanto, com a conceituação da soberania, principalmente a partir do seu aspecto jurídico, como o poder do Estado de resolver, em última instância, os assuntos nacionais e internacionais de sua competência,

---

57   LEONARDI, 2019.

58   JOHNSON; POST, 1996 apud ibidem, p. 28-29.

59   CAIRNCROSS apud loc. cit.

jurisdição e interesse, graças à racionalização jurídica do poder, promovida pela transformação do poder de fato em poder de direito e da força em legitimidade, e com a nomeação e descrição dos seus principais atributos de imprescritibilidade, inalienabilidade, indivisibilidade e unidade, restam consolidados os contornos jurídicos da soberania no Estado democrático de direito brasileiro no século XXI, alcançando-se, assim, o primeiro objetivo da tese. Embora a soberania não tenha sofrido nenhuma mutação nas suas bases estruturais, com o advento da superespecialização da globalização, que levou ao surgimento da internet e desaguou nas redes sociais, viu-se obrigada à adequação contextual do que se compreende por território ampliado, em respeito ao seu atributo da unidade.

A LIBERDADE DE EXPRESSÃO À LUZ DO ORDENAMENTO JURÍDICO BRASILEIRO

No Brasil e alhures, nos últimos anos, é comum se ouvir que "a internet é uma terra sem lei" ou, ainda, "uma terra de ninguém". Uma das possíveis ideias que essa última frase enseja é aquela traduzida na expressão latina *res nullius*: coisa de ninguém, o que pode induzir a pensar que, sendo a coisa sem dono, é possível tomá-la e usá-la como melhor aprouver àquela pessoa que a possuir primeiramente.

Seguindo o fio dessa meada, pode-se concluir que o território sem Estado é aquele que não tem soberania que o reivindique. Entretanto, no contexto das grandes navegações, após o surgimento dos primeiros Estados nacionais, foi essa uma das principais teses colonialistas a justificar a tomada do novo mundo das mãos de seus povos originários, a partir do pressuposto de que seriam mais civilizados que os conquistados, fato histórico que requer moderação e análise crítica aos pensadores e aplicadores do direito.

Já de volta à Idade Contemporânea, quando John P. Barlow faz sua "Declaração de independência do ciberespaço",[60] sob o fundamento de ser mais civilizado do que os Estados obsoletos, porque seria oriundo do futuro ou do ciberespaço, ele busca passar a ideia de que a internet, de fato, seria

---

60 BARLOW, 1996.

mesmo "terra de ninguém", no sentido de que não pertenceria, por sua própria natureza tecnológica, à nenhuma soberania, isto é, não poderia ser governada ou controlada por autoridade política de nenhum Estado, porquanto o ciberespaço não se confundiria com qualquer outro comum às fronteiras das nações.

Assim, por esse encadeamento lógico, a internet seria também "uma terra sem lei", não apenas porque a competência legiferante não teria sido pensada e positivada para os seus inéditos domínios digitais, mas também porque sequer as competências executivas e judiciárias os alcançariam, dadas suas alegadas limitações. Ademais, essa concepção teórica aduziu que a reivindicação de soberania sobre o ciberespaço equivaleria diretamente a uma tentativa autoritária de restringir sobretudo a liberdade de expressão, principal direito protegido pela Eletronic Frontier Foundation (EFF), segundo seu próprio juízo, fundada por Barlow.

Essa interpretação libertária do direito à liberdade de expressão guarda severas desconfianças em relação a qualquer intervenção estatal, principalmente na seara comunicativa, pois tal atuação desencadearia uma tendência de autopromoção do Estado, que facilmente atenderia aos interesses transitórios de seus governos. Uma preocupação idônea, é verdade, porque o Estado exerce poder assimétrico sobre seus cidadãos e populações, ao passo que a liberdade de expressão não é afeita às chamadas bolhas das redes sociais, que poderiam, se fosse esse o caso, ser induzidas pela força estatal, haja vista que tais bolhas são caracterizadas, principalmente, pelo pensamento único, não admitindo posições divergentes.

Entretanto, é exatamente esse poder assimétrico do Estado que encontra na espécie "democrático de direito" os seus deveres de autocontenção e autocontrole, não como mera liberalidade, mas por dever de observância de suas normas fundantes, suas organizações estruturantes. É por essa razão que a Constituição brasileira declara direitos, dentre eles, o da liberdade de expressão, sendo uma das suas principais passagens encontrada no inciso IV do artigo 5º: "é livre a manifestação do pensamento, sendo vedado o anonimato".

Além de outros contextos em que o instituto da liberdade de expressão se encontra na analítica CF/1988, bem como na história constitucional, é do ordenamento jurídico brasileiro – que internalizou instrumentos internacionais de direitos humanos – que se depreendem os arts. 19 da

Declaração Universal dos Direitos Humanos e do Pacto Internacional dos Direitos Civis e Políticos e o art. 13 da Convenção Americana sobre Direitos Humanos. Todos declaram o direito à liberdade de expressão e enredam a interpretação das normas infraconstitucionais que guardam pertinência, a exemplo da Lei de Imprensa na ADPF 130,[61] das leis que instituíram o Conselho de Comunicação Social[62] e o Serviço Nacional de Rádios e Comunicações[63] e, principalmente, da Lei n. 12.965/2014, que estabeleceu o Marco Civil da Internet.

Contudo, quando se trata de concerto digital, ainda remanesce preponderante a tese de que seria território novo, apenas conceituado pelo marco civil, e cujas características imporiam uma inevitabilidade tecnológica que abarcaria uma única feição autorregulável da liberdade de expressão, porque o código de programação dos aplicativos das redes sociais – ou da própria pilha de protocolos da internet (TCP-IP ou OSI) – estaria necessariamente atendendo às demandas daqueles usuários que se constrangem de forma mútua e que vão resolvendo seus conflitos paulatinamente, sob o paradigma de novos pactos sociais, como defendem os adeptos da autorregulamentação, os quais se confundem, muitas vezes, com os próprios donos dos aplicativos, cujos termos serão estudados no próximo capítulo.

Todavia, ainda que a internet não seja uma praça grega a abrigar o mercado livre das ideias daquela democracia, é uma estrutura destinada para o uso público tal como aquela, inclusive no exercício da presente democracia representativa. Assim, à luz da Constituição da República Federativa do Brasil, a manifestação do pensamento é protegida pelo direito da liberdade de expressão de modo amplo, encampando todas as ações não violentas que tenham como objetivo transmitir mensagens, bem como a faculdade de não se manifestar,[64] tanto no mundo físico quanto no seu espectro virtual, pois, se há uma internet virtual, imaterial, é porque há,

---

61 BRASIL. STF. Tribunal Pleno. ADPF 130. Relatoria Min. Ayres de Britto, em que o supremo declarou a não recepção de todos os dispositivos da Lei n. 5.250/1967 (Lei de Imprensa), por incompatibilidade com o regime constitucional de liberdade de imprensa.

62 Cf. Lei n. 8.389/1991.

63 Cf. Lei n. 9.612/1998.

64 Cf. MENDES; COELHO, 2007, p. 351.

antes, uma internet física, composta por *backbones*, cabos de fibra ótica, redes de satélites, entre outros meios materiais.

Nesse sentido, ainda que persistam teses contrárias, a internet, seu território e seu concerto digital não são terra sem lei, pois não só há legislação específica e jurisprudência em pleno desenvolvimento, como também existe a possibilidade de aplicação do princípio da proporcionalidade a cada caso concreto que envolver esse contexto. Logo, quando a liberdade de expressão entra em conflito com outros direitos nas redes sociais, como os direitos à honra, à privacidade, à igualdade e à dignidade humana, ou, ainda, no que se refere à lisura do processo eleitoral e político, ela não prescinde do modelo constitucional que a desenhou com o predicado da responsabilidade.

Por esse motivo, ainda que muitas contas nos aplicativos não sejam identificadas – dada a facilidade de sua criação e a inexigibilidade de vínculo a documento de qualificação civil nesse processo –, há o atravessamento constitucional da vedação ao anonimato; logo, seus usuários devem ser passíveis de rastreamento, sob sigilo, na medida em que os provedores de aplicações têm a obrigação de armazenar os IPs de seus usuários, bem como de preservar seu conteúdo pelo prazo de seis meses,[65] com o objetivo de serem individualizados (ou seus terminais), para a responsabilização dos agentes de acordo com suas atividades, nos termos da lei (inciso VI do art. 3. MCI), além do direito de resposta: dimensão positiva da liberdade de expressão.

Desse modo, é necessário o cotejo das características da liberdade de expressão com as suas limitações caso a caso, dado que não se trata de direito absoluto. Contudo, tanto a promoção de ideias quanto a divulgação de fatos são protegidas pela Constituição, assim, todas as manifestações orais ou escritas, por vídeos, imagens ou sucessão dessas, incluindo os *posts* de usuários das redes sociais, estão protegidas pela dimensão subjetiva

---

65 Marco Civil da Internet. Art. 15. O provedor de aplicações de *internet* constituído na forma de pessoa jurídica e que exerça essa atividade de forma organizada, profissionalmente e com fins econômicos deverá manter os respectivos registros de acesso a aplicações de *internet*, sob sigilo, em ambiente controlado e de segurança, pelo prazo de 6 (seis) meses, nos termos do regulamento.

desse direito negativo, que veda a censura prévia promovida pelo Estado ou por particulares, os quais são os destinatários dessa norma.

Logo, o escrutínio ou a valoração mercadológica, moral, popular ou de maiorias não tem o condão de, aprioristicamente, tornar a coisa pública ou de uso público estéril à manifestação do discurso, que é protegido pela liberdade de expressão, ainda que alguns qualifiquem o seu conteúdo como inoportuno, ácido, amoral, incorreto ou, até mesmo, perigoso, não apenas porque os estilos jocosos ou sérios, imoderados ou moderados, agressivos ou passivos, emocionais ou racionais estão abarcados por essas dimensões do instituto, como decidiu o STF na ADI n. 4.451,[66] mas também porque as ideias impopulares igualmente gozam do direito de participar, com liberdade e igualdade, da formação da vontade coletiva, como no caso do discurso a favor da descriminalização e legalização de substâncias não permitidas, conforme decidiu o excelso tribunal na ADPF 187.[67]

Por outro lado, em sua dimensão objetiva, cabe ao Estado "proteger a liberdade de expressão, em face das ameaças representadas por terceiros, além de promovê-la, adotando medidas necessárias à viabilização do seu exercício pelos segmentos que têm menos possibilidades reais de se exprimirem no espaço público [...]", já que há grupos e pessoas que tendem a ser excluídos dos espaços comuns e abertos dos debates e marginalizados na esfera comunicativa, dentro do concerto digital ou sendo mantido fora dele, questão que, sozinho, o regime de mercado não tem capacidade para resolver.[68]

Por fim, sinteticamente, a liberdade de expressão protege *prima facie* a manifestação do pensamento contra a censura prévia e promove o equilíbrio de condições para a participação menos assimétrica dos cidadãos no mercado livre de ideias, para que sejam debatidas e disputem a opinião pública, no concerto incentivado do pluralismo de concepções, caro à democracia. Além disso, objetivamente, a liberdade de expressão responsabiliza os agentes cujas condutas esvaziam a gramática de direitos relacionada, pois não se confunde o direito ao discurso com tais condutas.

---

66   BRASIL, 2018.

67   BRASIL, 2011.

68   SARMENTO, 2018, p. 265.

Isto é, há uma diferença[69] entre o que é "discurso" e o que é "conduta" não permitida no âmbito constitucional da liberdade de expressão, pois ela "protegeria a defesa da descriminalização das drogas, mas não o consumo de entorpecentes; autorizaria a sustentação da ilegitimidade de um governo, mas não a promoção de um golpe de Estado contra ele". Portanto, à luz do ordenamento jurídico brasileiro, principalmente da Constituição da República e dos tratados de direitos humanos, o instituto da liberdade de expressão é lei também em "terra" da internet, posto que incentiva a difusão de ideias e promove a divulgação de fatos, mas não permite que ocorra um abuso desse direito, como é o caso do notável exemplo dado pelo juiz Oliver W. Holmes, dos EUA, que afirma que "essa liberdade não vai a ponto de proteger a pessoa que grita 'fogo!' no interior de um cinema lotado",[70] mesmo sabendo que não há nenhum incêndio no local, ou o caso em que esse mesmo direito seja utilizado para mitigar a liberdade de expressão exercida por outrem, uma vez que é o direito de muitos falarem se quiserem, com responsabilidade, assim como é o direito de todos de ouvirem; essa é a base que norteará o debate no Capítulo 3, a respeito das notícias falsas (ou *fake news*) encontradas no concerto digital, visto que tal fenômeno não é uma novidade histórica a fustigar a autoridade política da soberania.

A LEGISLAÇÃO ESPECIAL PERTINENTE À INTERNET

Embora o foco deste trabalho não seja a análise da legislação especial pertinente à internet, é necessário que se cristalize, dentre as bases teóricas até aqui colacionadas, o aspecto legal que guarda correlação com o tema, uma vez que a produção legislativa é uma das competências da soberania.

69　Salvo em casos que exigem maiores análises, como quando as condutas "se revestem de uma natureza eminentemente expressiva, já que tem como objetivo exatamente a transmissão de uma ideia, a exemplo da queima de bandeiras de países como atos simbólicos, ou seja, condutas inegavelmente discursivas". Cf. CORDECH, Pablo Salvador. **El derecho de la libertad**. p. 12. CORDECH apud op. cit.

70　Ibidem, p. 266.

Assim, o que se pretende demonstrar com os breves parágrafos a seguir é que, da mesma forma que a internet e o concerto digital não são terra sem lei, os termos de uso e as práticas das redes sociais e seus aplicativos, analisados no capítulo seguinte, não têm ou não deveriam ter a capacidade de autorregulamentação absoluta sobre os fatos e ocorrências que ocorrem em seu domínio, uma constatação importante na busca pela resposta ao segundo objetivo desta tese, que oportunamente se recorda:[71] discernir qual o grau de conformidade dos contratos jurídicos de adesão das redes sociais, bem como das práticas comuns de autocontrole e autorregulamentação desses aplicativos, frente à normatividade e à jurisprudência constitucionais, no que se refere à soberania do Brasil em seus aspectos formais e materiais. Em outras palavras, entender quem tem a última palavra no território do concerto digital.

Nesse sentido, constatou-se que há uma autodeterminação informativa do país,[72] extraída da Lei n. 13.709/2018, conhecida como Lei Geral de Proteção de Dados (LGPD), inciso II do art. 2º, que é uma releitura da soberania do Estado democrático brasileiro, já que empresta o significado de autodeterminação informativa do cidadão, criado pelo Tribunal Constitucional Federal da Alemanha,[73] em 1983, que conceitua o direito do cidadão de definir, por si só, em que medida suas informações serão acessadas por pessoas distintas, ao passo que, por outro lado, pode sofrer relativização justamente pelo direito de terceiros em eventual conflito ou, então, por interesse público legítimo. Logo, ampliar esse conceito em termos de autodeterminação do país significa estabelecer parâmetros legais, pertinentes ao exercício dos direitos fundamentais na internet, que estejam de acordo com a Constituição da República.

Nessa seara de compreensão evolutiva do direito, a última década tem sido especialmente fecunda em relação à produção legislativa especial pertinente à internet, como é o caso não somente da LGPD e, antes, do Marco Civil da Internet, mas também da novíssima Lei do *Stalking*, ou crime de perseguição, que criminaliza a prática, ocorrida principalmente

---

71   Cf. Introdução deste trabalho.

72   Cf. BRASIL, 2018.

73   Cf. ALEMANHA. Tribunal Constitucional Alemão, dez. 1983, acórdão sobre Lei Geral do Censo.

no concerto digital das redes sociais, de "perseguir alguém, reiteradamente e por qualquer meio, ameaçando-lhe a integridade física ou psicológica, restringindo-lhe a capacidade de locomoção ou, de qualquer forma, invadindo ou perturbando sua esfera de liberdade ou privacidade".[74]

Como se não bastasse, a prática criminosa da fraude também se digitalizou, o que exigiu uma resposta do legislador, com a recente edição da Lei. n. 14.155/2021, ou Lei da Fraude Digital, que altera o Decreto-Lei n. 2.848, de 7 de dezembro de 1940 (Código Penal), para tornar mais graves os crimes de violação de dispositivo informático, furto e estelionato cometidos de forma eletrônica ou pela internet; e com o Decreto-Lei n. 3.689, de 3 de outubro de 1941 (Código de Processo Penal), para definir a competência em modalidades de estelionato, uma vez que a fraude digital na internet pode ensejar dúvida quanto à jurisdição competente.

Por fim, não só há uma releitura interpretativa de institutos jurídicos já consolidados de forma a serem aplicados a fatos ocorridos no concerto digital, a exemplo dos crimes contra a honra ou dos dispositivos pertinentes do Código do Consumidor, como também há importantes projetos de lei que buscam a criação do tipo penal de comunicação enganosa em massa, a fim de coibir a prática de *fake news*, e do tipo penal de atentado ao direito de manifestação, os quais possivelmente serão acrescentados à nova Lei n. 14.197/2021, que incluiu o Título XII na Parte Especial do Decreto-Lei n. 2.848, de 7 de dezembro de 1940 (Código Penal), relativo aos crimes contra o Estado democrático de direito.

Quanto à nova Lei n. 14.197/2021, prevê-se, ainda, a possibilidade de se acrescentar uma modalidade de ação privada subsidiária, de iniciativa de um partido político com representação no Congresso Nacional, se o Ministério Público não atuar no prazo estabelecido em lei para os crimes contra o Estado democrático de direito, inclusive no que se refere às condutas praticadas no âmbito da internet.

---

74 Cf. BRASIL, 2021.

A ÚLTIMA PALAVRA NO TERRITÓRIO DIGITAL

2

Por trás de Winston, a voz da teletela continuava sua lenga-lenga infinita. [...] A **teletela** recebia e transmitia simultaneamente. Todo som produzido por Winston que ultrapassasse o nível de um sussurro muito discreto seria captado por ela; mais: enquanto Winston permanecesse no campo de visão **enquadrado pela placa de metal, além de ouvido, também poderia ser visto.** Claro, não havia como saber se você estava sendo observado num momento específico. Tentar adivinhar o sistema **utilizado pela Polícia das Ideias** para conectar-se a cada aparelho individual ou a frequência com que o fazia não passava de especulação. Era possível, inclusive, que **ela controlasse todo mundo o tempo todo.** Fosse como fosse, uma coisa era certa: **tinha meios de conectar-se a seu aparelho sempre que quisesse.** Você era obrigado a viver – e vivia, em decorrência do hábito transformado em instinto – acreditando que todo som que fizesse seria ouvido e, se a escuridão não fosse completa, todo movimento examinado meticulosamente. [...] Winston mantinha as costas voltadas para a teletela. Era mais seguro; contudo, como sabia muito bem, mesmo as costas de uma pessoa podem ser reveladoras. **A um quilômetro de distância, o Ministério da Verdade [...].**[75]

O trecho supracitado, que inaugura este segundo capítulo da tese, foi extraído de *1984*, de George Orwell, um dos cem livros de língua inglesa mais importantes do último século. Distopia é seu gênero, mas os paralelos que podem ser traçados a partir da vigilância do Estado com a realidade atual de vigilância mercadológica, empregada como modelo de negócio no concerto digital das redes sociais, são praticamente evidentes.

As comparações mais contundentes a esse respeito foram traçadas por Shoshana Zuboff, professora emérita da cátedra Charles Edward Wilson na Harvard Business School, que tem se dedicado ao estudo do concerto digital a partir de um recorte epistemológico, cujo conhecimento levou à nomeação de um fenômeno chamado "capitalismo de vigilância", sendo algumas de suas definições: "[...] Uma lógica econômica parasítica [...] subordinada a uma nova arquitetura global de modificação de comportamento; [...] novo poder instrumentário que reivindica domínio sobre a sociedade [...]" e, como se não bastasse, "[...] apresenta desafios surpreendentes para a democracia de mercado; [...] Uma expropriação de direitos

---

75   ORWELL, 2009, p. 13.

humanos críticos que pode ser mais bem compreendida como um golpe vindo de cima: uma destituição da soberania dos indivíduos".[76]

Para a autora, o principal paralelo constatado, que guarda pertinência temática com a presente tese, é que alguns usos da arquitetura global da internet e do seu concerto digital, nos últimos anos, deveriam levar a sociedade a considerar que, ao ter se preservado unicamente contra a vigilância de governos durante os séculos, buscando limitar o exercício do poder estatal, com o objetivo de se imunizar das violações de direitos fundamentais, criou-se uma importante crença antiautoritária, deixando a sociedade despreparada para se defender de novas empresas oligopolizadas que estão criando, no território digital, um regime tão potencialmente danoso às liberdades quanto aqueles regidos por Estados.

Assim, a ameaça não seria mais oriunda de um estado totalitário, simbolizado pelo partido Socing, do *Big Brother* de Orwell, mas de uma arquitetura digital do "grande Outro", que agiria a favor dos interesses do capital de vigilância, traduzidos em um excedente comportamental capturado não por uma teletela, mas por câmeras e microfones ligados às redes sociais, com a apreensão de todos os dados possíveis de seus usuários, sob o argumento de que, sendo o acesso às suas "fronteiras" gratuito, elas, ainda assim, precisariam se pagar, remuneração essa alcançada com o direcionamento da personalização de publicidade e de propaganda desenhadas por algoritmos e inteligência artificial de grande capacidade preditiva e modificativa de comportamentos,[77] modelo de negócio que se orienta com base naquilo que os "netizens",[78] os cidadãos da internet, publicam ou exercem de seu direito à liberdade de expressão.

Contudo, considerando a gramática de direitos da Constituição, com foco principalmente nos institutos jurídicos da soberania e da liberdade de expressão, não há, *prima facie*, uma perturbação sequer à ordem econômica que não possa reclamar uma intervenção legal e legítima "no" e "sobre" o domínio econômico, até mesmo porque o ramo do Direito Econômico, como já apontado no capítulo anterior, é tão artificial quanto o

---

76 ZUBOFF, 2020, p. 7.

77 Ibidem, p. 70.

78 O termo, uma junção das palavras "internet" e "cidadão", foi criado em 1990 por Michael Hauben.

próprio mercado, portanto, passível de ser incentivado, regulado e orientado de forma a assegurar existência digna, conforme os ditames da justiça social, embora o lucro seja seu fim em si, do ponto de vista da livre iniciativa, sem descurar da função social da propriedade.

Entretanto, a velocidade com que o desenvolvimento tecnológico avança nessa frente, em termos de *big data*, aprendizado de máquinas, análises preditivas e arquitetura de códigos dos aplicativos das redes sociais e de seus terminais, a exemplo dos *smartphones*, pode dificultar a capacidade de compreensão e teorização racional desses fenômenos, inclusive pelos estudiosos do Direito. "Nessa linha de raciocínio, termos cujos significados assumimos como positivos [...] – 'internet aberta', 'interoperabilidade' e 'conectividade' –, têm sido [...] atrelados a um processo de mercado [em que] os indivíduos são vistos como meios para os fins de mercado de outros".[79] Esse processo não tem sido, salvo melhor juízo, objeto de estudo do Direito no Brasil, razão pela qual este segundo capítulo pretende endereçá-lo sob o crivo da soberania *versus* termos de uso dos aplicativos, emprestando, quando possível, entendimentos jurídicos já exprimidos no âmbito da *common law*.

SUPERÁVIT COMPORTAMENTAL, PODER INSTRUMENTÁRIO E SOBERANIA

Como nas próximas linhas e subseções as condutas fáticas materiais e o contrato de adesão do Facebook serão analisados à luz da soberania do presente recorte teórico, é preciso sedimentar que, como aponta Zuboff, os usuários desses meios de comunicação não são verdadeiramente clientes, pois não existe troca econômica, tampouco preço ou lucro nas suas acepções tradicionais, e, menos ainda, podem ser enxergados como "empregados", embora seja, sim, possível entendê-los como suprimentos de matéria-prima, dado que as pessoas são as produtoras das massas de dados capturadas pelos aplicativos. Por conseguinte, sequer a máxima de que "se o produto é de graça, então você é o produto" seria um argumento válido, pois os usuários são meios para a obtenção de dados, que é

---

79   ZUBOFF, loc. cit.

justamente a matéria-prima do concerto digital das redes sociais no século XXI, qualificada pela professora de Harvard como "superávit comportamental",[80] que, por sua vez, é assim definido:

> O capitalismo de vigilância começa com a descoberta do superávit comportamental. Mais dados comportamentais são transmitidos do que o necessário para melhorias nos serviços. Esse superávit alimenta a inteligência da máquina – o novo meio de produção –, que gera predições do comportamento do usuário. Esses produtos são vendidos para empresas clientes em novos mercados futuros comportamentais.

Nesse ponto, é necessário voltar ao conceito de poder exarado por Lewandowski, que o definiu como a capacidade que alguém ou algo tem de produzir efeitos no conjunto universo em que se insere, modificando o mundo físico ou social. Em outras palavras, "poder, em sua acepção mais simples, significa aptidão de produzir efeitos no plano da realidade fática".[81] Nessa linha, a soberania tem o poder de resolver, em última instância, as consequências e as modificações no território em que coercitivamente se impõe, embora, como também observado, não equivalha a um poder absoluto, porque é justamente interligada ao mundo fático, no qual se encontram elementos de ordem incontrolável, a exemplo de fenômenos da natureza que são gerenciados por mulheres e homens, mas nunca governados.

Destarte, a compreensão desse gênero de poder é fundamental para que se possa assimilar uma outra espécie de poder, chamada, por Zuboff, de poder instrumentário, cujo domínio é exercido pelos atores que controlam o funcionamento de diversos aplicativos nas redes sociais, dentre eles o Facebook, o que será estudado nas próximas páginas. Entende-se essa espécie de poder como:

> [...] meio de modificação comportamental penetrante e sem precedentes. A lógica econômica do capitalismo de vigilância é direcionada pelas capacidades do Grande Outro de gerar **poder instrumentário**, substituindo a

---

80 Ibidem, p. 118.
81 LEWANDOWSKI, 2004, p. 197; 273.

engenharia de almas por engenharia de comportamento. [...] O poder instrumentário reduz a experiência humana a comportamento observável e mensurável [...]. O Grande Outro não se importa com o que pensamos, sentimos ou fazemos, contanto que milhões, bilhões e trilhões de olhos e ouvidos sensíveis, atuantes, computacionais possam observar, renderizar, transformar em dados e instrumentalizar os vastos reservatórios de superávit comportamental gerados no tumulto galáctico de conexão e comunicação.[82]

Isso significa que, enquanto o poder é entendido como a aptidão de produzir efeitos no plano da realidade fática, como sintetizou Lewandowski, o poder instrumentário, a seu turno, reveste-se da própria aptidão que seus poucos proprietários no mundo têm de não somente produzir efeitos, mas também de criar realidades – após processarem uma infinidade de dados dos quais não são donos, já que pertencem aos usuários de suas redes –, tanto no mundo virtual quanto no mundo físico, sem que haja manifestação de vontade democrática ou qualificada para tanto. Vale lembrar que a autoridade política da soberania é a democracia, ou seja, quando se busca viciá-la, não é apenas a autodeterminação política de um povo em um determinado território que se ataca, mas também o próprio exercício da sua soberania.

Dados os propósitos deste trabalho e considerando a gravidade do exposto, será transcrita a integralidade do caso relatado por Shoshana Zuboff a respeito do experimento realizado pelo Facebook em 2010, na fase final das eleições para o Congresso dos Estados Unidos, que ensejou a publicação de um artigo na revista científica *Nature*,[83] em 2012, sob o título *"A 61-million-person experiment in social influence and political mobilization"*:[84]

Nesse estudo controlado, randomizado e conduzido durante a fase final das eleições na metade do mandato presidencial para o Congresso dos Estados Unidos, em 2010, os pesquisadores manipularam, de forma experimental, o

---

82 ZUBOFF, p. 425 et seq.

83 BOND et al., 2012.

84 Ibidem, p. 343 et seq. Na tradução de George Schlesinger: "Um experimento com 61 milhões de pessoal em influência social e mobilização política".

conteúdo social e de informação de mensagens relacionadas com a votação nos *feeds* de notícias de quase 61 milhões de usuários do Facebook, ao mesmo tempo que estabeleciam um grupo de controle. A um grupo, foi exibida uma declaração no início do *feed* de notícias, incentivando o usuário a votar. Estava incluso um *link* para informação relativa ao local de votação, um botão acionável com a inscrição "Eu votei", um contador indicando quantos outros usuários do Facebook compartilharam ter votado e até seis retratos de perfis amigos daquele usuário específico do Facebook que já haviam clicado no botão "Eu votei". Um segundo grupo recebia a mesma informação, mas sem os retratos dos amigos. Um terceiro grupo de controle não recebia nenhuma mensagem especial. Os resultados mostraram que os usuários que receberam a mensagem tinham uma probabilidade cerca de 2% maior de clicar no botão "Eu votei" do que aqueles que receberam somente a informação, e 0,26% maior de clicar na informação sobre o local de votação. Os experimentadores do Facebook determinaram que mensagens eram um meio eficiente de sintonizar comportamento em escala, porque "influenciava, de maneira direta, a autoexpressão política, a busca de informação e o comportamento eleitoral de milhões de pessoas", e concluíram que "mostrar aos usuários rostos familiares pode melhorar, de forma drástica, a eficácia de uma mensagem mobilizada". A equipe calculou que mensagens manipuladas levaram 60 mil eleitores adicionais às urnas naquelas eleições de 2010, bem como 280 mil depositaram seus votos nas urnas como resultado de um efeito de "contágio social", totalizando 340 mil votos adicionais. Na conclusão do artigo, os pesquisadores afirmaram que "mostramos a importância da influência social para implementar mudança de comportamento [...]. Os resultados sugerem que mensagens *on-line* poderiam influenciar uma variedade de comportamentos *off-line*, e isso tem implicações para a nossa compreensão do papel da mídia social *on-line* na sociedade [...]".[85] [...] A publicação do estudo do Facebook suscitou um debate feroz quando especialistas e o grande público começaram, enfim, a avaliar o poder sem precedentes do Facebook – e de outras companhias da internet – de persuadir, influenciar e, em última instância, fabricar comportamento. [...] A preocupação pública fracassou em desestabilizar mais uma ação autolegitimada pela empresa. [...] "Se o Facebook pode distorcer emoções e nos fazer votar, o que mais

---

85   Bond et al., 2012.

pode fazer?". A *Atlantic* citou a editora do estudo, que havia processado o artigo para publicação, apesar de seus aparentes receios.[86] Ela disse à revista que, como empresa privada, o Facebook não precisava respeitar os padrões jurídicos para experimentação que são exigidos dos pesquisadores acadêmicos e do governo. Esses padrões jurídicos são conhecidos como *Common Rule* [regra comum]. Concebidos como proteção contra o abuso de poder do experimentador, esses padrões devem ser respeitados por toda pesquisa com financiamento federal. A *Common Rule* implanta procedimentos para consentimento informado, evita danos, estabelece critérios para relatórios e transparência e é administrada por painéis de cientistas, conhecidos como "comissão de revisão interna". Eles são indicados dentro de cada instituição de pesquisa. Fiske reconheceu que havia sido persuadida pelo argumento do Facebook de que a manipulação experimental era uma pequena extensão da prática corporativa padrão de manipular os *feeds* de notícias das pessoas. Conforme sua descrição: "Eles disseram [...] que, pelo visto, o Facebook manipula os *feeds* de notícias das pessoas o tempo todo [...]. Quem sabe que outras pesquisas estão fazendo?". Em outras palavras, Fiske reconheceu que o experimento era uma mera extensão dos padrões de modificação comportamental praticados pelo Facebook, que já se propagam sem sanção.

Como se pôde notar, o Facebook – que também dirige o Instagram – e os seus concorrentes nesse ramo não apenas realizam experimentos com seus usuários sem nenhuma sanção de direito de nenhuma soberania, como também sequer se submetem às regulamentações de experimentos científicos, que prezam pela contenção de danos, pela transparência e, sobretudo, pelo consentimento informado, elemento fundamental na formação da autonomia dos usuários que aderem aos contratos de adesão dos aplicativos e que são também, no mundo *off-line*, cidadãs e cidadãos, cujo exercício pode ser condicionado ou viciado às expensas tanto das redes sociais e seus diretores, como sob demanda de terceiros interessados.

A partir dessa constatação, o especialista em Direito da Internet da Harvard Law School, Doutor Jonathan Zittrain,[87] sustentou que é possível concluir que as redes sociais poderiam arquitetar eleições, ainda que

---

86 LAFRANCE, 2014.

87 ZITTRAIN apud ZUBOFF, 2020, p. 345.

discretamente, graças aos seus códigos e sob os seus padrões de autorregulamentação, meios que os usuários, no dia a dia das suas atividades digitais, não seriam capazes de detectar ou controlar, uma vez que não são sequer informados a esse respeito, inclusive por não serem itens expressos de seus termos de uso. Assim, para Zittrain, experimentos como o do Facebook representam um desafio aos direitos fundamentais, inclusive uma ameaça à regularidade do processo democrático.[88]

Portanto, enquanto a soberania se limita pela realidade fática, o ciberespaço, por outro lado, "autocria-se", determinando limitações e possibilidades que atendem aos seus próprios interesses, embora seus idealizadores/criadores argumentem que o desenvolvimento da tecnologia seja fruto do seu natural crescimento exponencial, argumento utilizado ao se advogar pela inevitabilidade[89] das mudanças que eles mesmos querem implementar, mas cujas intenções escamoteiam por trás de seus interesses na venda desses dados: a busca por preservar justamente esse padrão de autorregulamentação. Mas o que se entende por autorregulamentação?

AUTORREGULAMENTAÇÃO

A tecnologia de ponta corre três vezes mais rápido que os negócios normais. E o governo anda três vezes mais devagar que os negócios normais. Então, temos uma diferença de nove vezes [...]. O que você quer fazer é se assegurar de que o governo não atrapalhe e atrase as coisas.[90]

---

88   Cf. ZITTRAIN, 2014.

89   "É difícil manter o sentido de direção quando todos ao seu redor estão perdendo o deles. A transição para a computação ubíqua, 'quando sensores estão em todos os lugares' escreve Paradiso, não será 'incremental', e sim 'uma revolucionária mudança de fase, muito semelhante à chegada da internet'. A mesma 'mudança de fase' que é compreendida por seus arquitetos como o antídoto universal para a incerteza é antecipada com absoluta certeza. Paradiso não é o único a pensar assim. Pelo contrário, a retórica da inevitabilidade é tão 'ubíqua' que, dentro da comunidade tecnológica, pode ser considerada uma ideologia do *inevitabilismo* desenvolvida por completo." DUBLON; PARADISO apud ZUBOFF, op. cit., p. 256.

90   Cf. CUNNINGHAM, 2011.

O epílogo da Introdução e o subitem "A liberdade de expressão à luz do ordenamento jurídico brasileiro" do primeiro capítulo deste livro, ao tratarem da "Declaração de independência do ciberespaço" de John Barlow, abordaram mais diretamente a principal manifestação que caracteriza o que se poderia entender por autorregulamentação, essa que é uma das principais correntes doutrinárias que se debruçam sobre a possibilidade de regulação do concerto digital.

Marcel Leonardi, em *Fundamentos do direito digital*, elenca as quatro principais correntes doutrinárias a esse respeito:[91] 1) autorregulação: aqui tratada como sinônimo de autorregulamentação, cujas regras e princípios são criados pelos próprios participantes do concerto digital (com clara preponderância dos donos dos meios de comunicação); 2) direito do ciberespaço: teoria já apresentada no subitem "O conceito e os atributos jurídicos da soberania" do Capítulo 1 desta obra, que poderia ser sintetizada como aquele direito separado do convencional que utiliza o mecanismo internacional de tratados para se originar e, posteriormente, declarar-se ramo autônomo; 3) analogia: corrente que privilegia o direito tradicional e o já produzido nessa seara em termos de legislação e jurisprudência, no sentido de que sejam aplicadas aos fatos da internet; e 4) teoria mista: doutrina da conciliação entre sistema jurídico e arquitetura do concerto digital.

Com foco nos objetivos deste trabalho, o presente item apresentará brevemente a corrente da analogia, que servirá como partida contextual, para, em seguida, com maior fôlego, privilegiar a conceituação e delimitação da autorregulamentação, base da análise que se dará na subseção a seguir, completando, assim, a apresentação de três das quatro correntes e reservando, para o último capítulo, a incursão na teoria mista, porque guarda pertinência com a soberania digital, a qual se buscará conceituar.

Os adeptos da analogia aplicada à internet defendem sua contraposição ao direito do ciberespaço e à autorregulação, posto que esse fenômeno especializado da globalização não representaria nada de novo, o que atrairia a aplicação analógica dos institutos jurídicos tradicionais, em razão da semelhança dos conflitos observados no território das redes sociais: direitos e pretensões já conhecidos mesmo antes do seu aparecimento. Para essa

---

91   LEONARDI, 2019, p. 23.

doutrina, ter a segurança jurídica como norte é o motivo que autoriza a analogia a ser estendida à regulação também das condutas praticadas na internet.

Entretanto, considerando os requisitos para sua aplicação depreendidos da Lei de Introdução às Normas do Direito Brasileiro (LINDB), bem como a existência do Marco Civil da Internet, dentre outras novas legislações específicas abordadas no subitem "A legislação especial pertinente à internet", além das inúmeras decisões divergentes no Brasil e em outros ordenamentos, que foram tomadas com base em uma mesma analogia, conclui-se que os riscos da sua adoção para o encaminhamento de conflitos são maiores que os eventuais benefícios que poderia acarretar. Além disso, poderia angariar ainda menos contribuição para a melhor compreensão ou resolução da ameaça à soberania do Estado democrático de direito brasileiro, representada pela autorregulamentação.

A autorregulamentação, a seu turno, caracteriza-se pela deliberação ética própria do ciberespaço, fruto de um pacto social entre seus usuários, a qual seria capaz de substituir o poder coercitivo do Estado na resolução, em última instância, das questões fundamentais das suas sociedades digitais, ainda que causassem efeitos no mundo *off-line*. Trata-se de uma espécie de extraterritorialidade do concerto digital, que reivindica, para si, também o mundo físico, uma vez que as condutas tenham começado no mundo *on-line*, a exemplo do experimento manejado pelo Facebook nas eleições congressuais estadunidenses de 2010.

Essa utopia digital, além de olvidar que a origem da internet é a fundação da Arpanet, um meio de comunicação estatal de organização militar e de ativos intelectuais, ignora também que, mesmo com a sua abertura econômica e transnacionalização, a geografia física do concerto digital é sustentada por uma cadeia material e tangível de ligações e entroncamentos viabilizados por *backbones*, cabos de fibra ótica e redes de satélites mantidos e/ou financiados por Estados e por empresas submetidas às suas legislações.

Por exemplo, "a fibra ótica é responsável por 95% das transmissões de dados e voz no mundo", logo, "é estratégico o domínio dos locais por onde passam os cabos de fibra ótica, em especial os cabos internacionais". Nesse contexto, "os EUA são o grande entroncamento global, o que dá ao governo estadunidense a possibilidade de não só controlar o fluxo global de informações, como, também, interceptar essas informações".[92] Um outro exemplo, em menor escala, "é o Egito, por onde passa boa parte da comunicação (entre 20 e 30%)". Como se não bastasse, os EUA "concentram ainda a maioria dos provedores de serviços e conexões de cabos. O país tem uma enorme capacidade de interceptação e controle".[93]

Contudo, essa corrente não apenas se vale dessas bases físicas, as quais parece ignorar, como busca fundamentos jurídicos na Primeira Emenda à Constituição dos EUA, que proíbe restrições à liberdade de expressão.[94] Ou seja, essa característica material de atuação das redes representa um desafio à soberania do Estado democrático de direito brasileiro, tanto porque o domínio material dos recursos físicos ligados à existência da rede mundial de computadores está praticamente nas mãos de um outro Estado, com pretensões hegemônicas, quanto porque os maiores provedores de serviços, incluindo os *apps* analisados, estão sediados nessa nação e, portanto, sob influência de seu ordenamento jurídico, do qual se munem para fundamentar que o seu código de programação e o seu modelo de negócio, vazados pelo poder instrumentário, são fruto do seu exercício garantido à liberdade de expressão irrestrita, ainda que isso signifique cavar um abismo assimétrico contra o exercício desse mesmo direito por parte de seus incautos usuários em todo o mundo.

Entrementes, essa corrente doutrinária conseguiu robustecer temporariamente seus fundamentos jurídicos após o julgamento do caso Reno *versus* American Civil Liberties Union (ACLU)[95] pela Suprema Corte estadunidense, que declarou a inconstitucionalidade de uma lei daquele país relativa à internet. O *Communications Decency Act* entrou em vigor em 8 de fevereiro de 1996, e sua edição é contemporânea à crescente

---

92   Cf. EUA. "Patriot Act".

93   Cf. História Online.

94   *"Congress shall make no law respecting an establishment of religion, or prohibiting the free exercise thereof; or abridging the freedom of speech, or of the press; or the right of the people peaceably to assemble, and to petition the Government for a redress of grievances."*

95   EUA. Suprema Corte. Reno v. ACLU, 521 U.S. 844, 117 S. Ct. 2329, 138 L. ed. 2d 874 (1997).

disponibilidade de conteúdos ilícitos no concerto digital. Segundo Leonardi, a presença de tipos penais abertos, que, por sua imprecisão e vagueza, feriam a primeira emenda, foi suficiente para fundamentar a jurisprudência constitucional que negou seguimento à parte dessa lei,[96] o que, de fato e de direito, é uma decisão acertada, porque também homenageia o princípio da legalidade. A partir desse entendimento, prossegue o professor quanto à autorregulamentação:

> Após essa decisão, "a ideia de uma Internet pós-territorial e desregulamentada parecia ter migrado de uma excêntrica obscuridade para o Direito norte-americano". Houve quem a interpretasse como uma verdadeira barreira a qualquer outro tipo de regulação da rede: o ciberespaço seria uma nova mídia a salvo de interferências governamentais – com a bênção da Suprema Corte dos Estados Unidos – e apenas aceitaria o modelo de autorregulação. **O modelo de autorregulação, porém, não se sustenta em larga escala:** além dos **problemas inerentes à adesão e ao desligamento dos participantes** às normas, conforme sua própria convivência, evidentemente **não há uma** "subcultura *on-line* **monolítica, única, mas, sim, um ecossistema de subculturas, algumas frívolas, outras sérias". Os usuários da rede não constituem um grupo homogêneo com interesses comuns, mas, sim, indivíduos com crenças e visões de mundo próprias, tão diversas quanto o pensamento humano,** sendo impossível obter algum tipo de consenso, ainda que precário, sobre qualquer assunto. Em outras palavras, a capilarização da presença da internet não permite identificar uma "sociedade eletrônica" hábil a justificar uma regulação baseada exclusivamente em usos e costumes. [...] **Ao longo do tempo, com a utilização cada vez maior da rede para práticas ilícitas, desapareceram a ideia e o próprio desejo de que a internet ficasse alheia aos mecanismos tradicionais de regulação.**[97] (grifo nosso)

Nesse sentido, com todas essas conclusões reunidas por Leonardi sobre a precariedade dessa corrente, resta evidente que, mesmo no território digital, aplicam-se os fundamentos do Estado democrático de direito,

---

96   LEONARDI, 2019, p. 25.

97   Ibidem, p. 27-28.

inclusive o brasileiro, pois, como não há uma comunidade única nem pensamentos únicos que definam um povo digital ou uma "sociedade eletrônica", não há como haver também, por conseguinte, um reclamo que seja legítimo de uma soberania digital proclamada por seus usuários, apropriada narrativamente pelos donos da rede, baseada em usos e costumes que orientariam os termos de uso dos seus aplicativos.

É por isso que os fundamentos do Estado de direito se aplicam, dado que é inerente às redes a pluralidade de pensamentos e manifestações, que devem ser assegurados e qualificados com o instituto da responsabilidade, assim como o é o par liberdade de expressão-responsabilidade à luz do ordenamento jurídico brasileiro. Ademais, como a soberania aufere sua autoridade política por meio da democracia, via governo das leis, não há como tratar o território digital como um espaço fora da área de atuação dos Estados, tanto em sua face interna quanto externa.

Em outras palavras, a diversidade encontrada no concerto digital não pode ser mitigada ou apropriada pelos interesses únicos dos seus proprietários, sob o argumento da inevitabilidade técnica ou do dirigismo do seu código-fonte, uma vez que é a essência autopropagada dos aplicativos ser um *locus* de exercício da liberdade de expressão, cuja natureza alavanca ganhos com publicidade dirigida, expressa ou implicitamente, justamente a partir desse exercício, que deve ser livre e responsável ao mesmo tempo. Isso impede, sob violação no mínimo da boa-fé, que os proprietários dessas redes frustrem a legítima expectativa dos seus usuários, ao impor-lhes experimentos não informados e não consentidos, ou que, ao arrepio da democracia, visem se apropriar da sua vontade política, bem como de seus efeitos no mundo físico ou *off-line*.

Portanto, a última palavra no concerto digital não há como não ser das instituições que representam o Estado, porque é dever constitucional garantir e promover, com responsabilidade, os direitos fundamentais e humanos também na seara digital, ou seja, proteger a democracia, o governo das leis, a formação livre das vontades, inclusive da política, bem como a autodeterminação dos povos e o indelével acesso à justiça. Entretanto, como se verá a seguir, a corrente da autorregulação ou da autorregulamentação ainda busca prosperar por detrás do véu da alta velocidade dos avanços tecnológicos, travestida, algumas vezes, por imprecisões, vaguezas e lacunas nos termos de uso, pela tentativa de esquiva da responsabilidade objetiva das redes, sob o argumento de ditos vazios legislativos e jurisprudenciais, ou mesmo aproveitando-se do desconhecimento tecnológico das pessoas.

O FACEBOOK EM TERMOS

A clivagem deste trabalho é o encontro da liberdade de expressão, da autorregulamentação e das notícias falsas – ou seja, a correlação desses três institutos no âmbito digital das redes sociais, com destaque para o Facebook e suas práticas materiais e formais como um dos desafios à soberania do Estado democrático de direito brasileiro. A escolha pela análise mais amiudada da rede social Facebook, bem como dos seus termos de uso, deu-se em razão de ser objetivamente conhecida a informação sobre o seu número de usuários no Brasil,[98] bem como pelo relevante fato de que, sozinha, essa empresa também é dona do Instagram e do WhatsApp, aplicativos de comunicação de grande utilização e aderência no país.

Da introdução do Capítulo 2 ao item 2.2 – "Autorregulamentação" –, foi realizada uma análise fática e material dos "termos" praticados entre usuários fornecedores (donos) e usuários meios (ou fornecedores da matéria-prima de dados) das redes sociais eletrônicas em geral, frente aos elementos delineados principalmente no Capítulo 1 desta obra. Para tanto, foi fundamental o atravessamento do capitalismo de vigilância, do superávit comportamental e do poder instrumentário pelos institutos da soberania e da liberdade de expressão, com o objetivo de trazer à tona eventuais desconformidades da autorregulamentação não escrita dos aplicativos frente ao ordenamento jurídico do Estado democrático de direito brasileiro.

Esse escrutínio empregado foi de fundamental importância, não apenas para alcançar diretamente os objetivos deste trabalho, mas também porque o modo como foi realizado atendeu a um dos principais requisitos de interpretação do negócio jurídico, posto que a interpretação das condutas das redes sociais, em seu microcosmo, equivaleu à busca pela compreensão da "vontade" desses aplicativos. Segundo Antônio Junqueira de Azevedo, "deve-se entender, por declaração [de vontade] [...], não apenas o texto do negócio, mas tudo aquilo que, pelas circunstâncias (pelo 'contexto'), surge

---

98 Cf. VIEIRA, 2020.

aos olhos de uma pessoa normal, em virtude principalmente da boa-fé e dos usos e costumes, como sendo a declaração".[99]

A expressão dessa vontade, pela lógica da teoria dos conjuntos matemáticos, contém a liberdade de expressão das redes sociais, como no entendimento do caso Reno *versus* ACLU. Em outras palavras, a liberdade de expressão dos códigos está contida no campo da expressão da vontade e, por isso, foi objeto de análise, porque, em um negócio jurídico, a intenção das partes predomina sobre as letras formais de seus termos, como dito por Junqueira ao tratar do artigo 85 do Código Civil de 1916, cujo conteúdo se encontra no artigo 112, CC/02.

Nesse sentido, foi possível concluir que os instrumentos usados pelo aplicativos visam a criar valor agregado comercial aos dados extraídos dos comportamentos dos usuários meios, porque a sua finalidade é o oferecimento de um produto de predição supercalibrada para outras empresas (ver Anexo A – Contrato de adesão do Facebook),[100] que buscam conhecer melhor seus públicos-alvo, a ponto de se alcançar a "certeza" das suas respostas após alguns gatilhos mentais e psicológicos serem disparados por meio de botões, cliques e *feed* de notícias, tal qual demonstrado no experimento não autorizado do Facebook nas eleições congressuais de 2010.

Nesse contexto, o Direito foi usado como meio para garantir a aparente legalidade e legitimidade desse modelo de negócio, já que, em primeiro lugar, recorrentemente se ampara na primeira emenda à Constituição estadunidense – legislação importante, mas alienígena, suscitada em alguns casos, inclusive no Brasil, pelas companhias de comunicação ou redes sociais, em analogia à compreensão jurídica da liberdade de expressão –, assim como, em segundo lugar, usa como argumento a possibilidade de autorregulação na seara da livre iniciativa.

Entretanto, como se viu, a ideia de que haveria um vazio jurídico a respeito da internet não permite abusos de Direito no Brasil, uma vez que a liberdade de expressão só é conjugada com o predicado da responsabilidade.

---

99 AZEVEDO, 2002, p. 102.

100 Cf. Anexo A: Parágrafo 2º da página 2 – "item 1. dos itens fornecidos" e "item 2. Como nossos serviços são financiados", dos Termos de Serviço do Facebook.

Desse modo, não se encontra, no ordenamento jurídico nacional, artigo, lei ou estatuto que acolha ou permita a possibilidade de viciar um processo eleitoral, por exemplo. Por outro lado, com a entrada do Marco Civil da Internet e da nova Lei Geral de Proteção de Dados, sequer alguma lacuna poderia ser apontada, porque não só há responsabilidade na guarda dos dados, como também existem obrigações para as suas aplicações, as quais requerem, em casos especiais, autorização dos seus donos (os usuários meios) para compartilhamento ou uso com clientes das redes sociais (outras empresas).

Contudo, a atual realidade fática no concerto digital ainda mantém nebuloso, impreciso e não informado aos usuários meios, doravante chamados de cidadãs e cidadãos brasileiros, se algum experimento de ordem eleitoral, de convencimento, de instrução massiva ou de formação de opinião pública está ocorrendo, o que demonstra a inexistência de consentimento para tanto e a insegurança jurídica, que, por conseguinte, têm o potencial de viciar a vontade dos brasileiros, cuja expressão política é a base da autoridade política da soberania do Estado democrático de direito, tal como ensinou Lewandowski ao citar John Boli.[101]

Por outro lado, nessa realidade contextual, há também "termos" que são formais e escritos, os quais precisam ser "lidos" e aceitos pelas cidadãs e cidadãos. O Facebook o intitula "termos de serviço", ao passo que o Instagram, outro aplicativo da mesma empresa, chama-o de "termos de uso", enquanto o Twitter, por exemplo, utiliza a expressão "acordo do usuário". Na *common law*, esses documentos são conhecidos como contratos *click-wrap* – ou "clicar-embrulhar", na tradução de George Schlesinger –,[102] embora tanto na doutrina estadunidense como na brasileira sejam entendidos como contratos de adesão.

Entrementes, Orlando Gomes[103] aponta, como seu principal traço característico, a "possibilidade de predeterminação do conteúdo da relação negocial pelo sujeito de direito que faz oferta ao público, [...] um método de estipulação contratual imposto pelas necessidades da vida econômica [...]", marcado por três características adicionais: uniformidade,

---

101 BOLI, 2001 apud LEWANDOWSKI, p. 296.

102 ZUBOFF, 2020, p. 64.

103 GOMES, 2007, p. 138 et seq.

predeterminação e rigidez. "A uniformidade é uma exigência da racionalização da atividade econômica, que, por seu intermédio, se desenvolve" com "predeterminação unilateral das cláusulas", enquanto "a predeterminação de cláusulas caracteriza [...] o contrato de adesão, por ser o modo objetivamente idôneo para atingir sua finalidade". Já a rigidez "das condições gerais [...] é um desdobramento" dos dois primeiros aspectos, porque, sem tal atributo, haveria flexibilidade, o que, por sua vez, implicaria no desfigurar da uniformidade e da predeterminação.

Como há um domínio da vontade de uma das partes sobre a outra, a doutrina, a jurisprudência e a lei determinam, em caso de dúvida ou de cláusulas ambíguas ou contraditórias, que a interpretação seja feita de modo mais favorável ao aderente. Como demonstrado até aqui nesta obra, a vontade real das redes sociais virtuais vai além da vontade formal dos contratos de adesão, que preconizam o uso dos dados das cidadãs e dos cidadãos como meios de personalização de publicidade e propaganda, causando a maior de todas as contradições ao atingir o plano de validade desses contratos – chamados, por alguns juristas estadunidenses, como Margaret Radin, de "contratos Alice no país das maravilhas" –,[104] como se observou nos casos da Cambridge Analytica, no experimento das eleições congressuais estadunidenses de 2010 ou, ainda, como se observará no Capítulo 3, a respeito da disseminação de notícias fabricadas ou falsas como maneira de aumentar o engajamento das pessoas nas redes sociais.

Em outras palavras, a interpretação desses contratos de adesão aqui defendida é aquela que privilegia os mais de 120 milhões de cidadãs e cidadãos brasileiros, que em abril de 2020, por exemplo, acessaram o Facebook.[105] Tal postura de interpretação jurídica está em linha com a lei e com os propósitos deste trabalho, isto é, em conformidade com a soberania do Estado democrático de direito brasileiro e com a liberdade de expressão responsável de seu ordenamento jurídico. Nessa esteira, no que se refere diretamente ao conteúdo expresso nos negócios jurídicos analisados, seguem, para além do que foi até aqui abordado, em síntese, os destaques do contrato de adesão do Facebook (ver Anexo A):

---

104 Cf. RADIN; BOILERPLATE, p. 16-17 apud ZUBOFF, 2020, p. 65.

105 Cf. VIEIRA, 2020.

Item 1 – "Os serviços fornecidos", **parágrafos 5º e 6º** – "Combater condutas prejudiciais, proteger e oferecer suporte para nossa comunidade" e "usar e desenvolver tecnologias avançadas para fornecer serviços seguros e funcionais para todos" são os primeiros pontos de destaque, porque não apresentam, de modo claro e objetivo, quais seriam as condutas ou os conteúdos prejudiciais à comunidade, tampouco definem quem são aqueles que podem ser entendidos como seus membros, deixando em aberto se diz respeito à universalidade de usuários, na qual se incluem os proprietários, os usuários meios e as empresas contratantes de dados, ou apenas aos proprietários, que visam objetivamente ao lucro, razão pela qual se pode pensar que, se uma postagem afeta o engajamento, ainda que não de forma prejudicial ou ilícita, ela pode ser objeto de moderação, podendo ser até mesmo removida ou ter seu usuário meio bloqueado:

> Empregamos equipes dedicadas em todo o mundo e desenvolvemos **sistemas técnicos avançados** para detectar o **uso inadequado** de nossos produtos, condutas prejudiciais contra outras pessoas e situações em que **talvez** possamos ajudar a apoiar ou proteger nossa comunidade. Se soubermos de conteúdos ou condutas como essas, **tomaremos as medidas adequadas, como oferecer ajuda, remover conteúdo, remover ou bloquear o acesso a determinados recursos, desativar uma conta** ou contatar autoridades. [...] Desenvolvemos **sistemas automatizados** para melhorar nossa capacidade de **detectar e remover atividades abusivas e perigosas que possam causar prejuízos à nossa comunidade e à integridade de nossos produtos.** (grifo nosso)

Tais imprecisões não homenageiam a segurança jurídica e representam um potencial mecanismo procedimental arbitrário, na medida em que há pouca ou nenhuma clareza dos motivos que levam à remoção do conteúdo de postagens de usuários meios ou das cidadãs e dos cidadãos, como se prefere discernir, em clara violação à liberdade de expressão constitucional responsável. Por exemplo, é notório que há muitos relatos de cidadãos que tiveram suas contas desativadas ou bloqueadas pelo Facebook ou por outro aplicativo do mesmo grupo econômico, como o Instagram, como uma resposta vingativa e coordenada de perfis adversários, após terem denunciado, em suas postagens, que tais perfis veiculavam discursos de ódios e discriminações. Ou seja, tanto o algoritmo como a ação humana de moderação do aplicativo removeram conteúdo legal para preservar conteúdo ilegal, em uma clara distorção dos fatos e do direito, talvez até de seus termos de serviços. Como relata no caso a seguir, Ana Gabriela Ferreira, mestra em Direito Público e coordenadora na Artigo 19, em participação na reportagem da FolhaJus, do periódico Folha de São Paulo:[106]

> Ela afirma [...] que denúncias de discurso de ódio contra mulheres, mulheres negras e LGBTQIA+ são muitas vezes ignoradas e que, por outro lado, ao denunciar esses casos, esses grupos têm suas postagens derrubadas por serem identificadas por algoritmos como discriminatórias. "Isso suprime a liberdade de expressão dos grupos específicos que são vítimas do discurso. A pessoa é duplamente atingida", diz.

Não foi diferente no caso da conta do Instagram "@afemme1",[107] autodenominada conta de ciberativismo, que, em 13 de julho de 2021, foi desativada sem notificação prévia que oportunizasse a sua defesa e sem a exposição de motivos claros à sua administradora, apenas sob o argumento de que havia violado regras de direitos autorais ao respostar um vídeo que guardava pertinência com seu conteúdo educativo. Assim, por tais razões, a administradora se viu cerceada em sua liberdade de expressão, sem direito à defesa ou ao contraditório, tampouco à previsibilidade ou à segurança jurídica, fatos que geraram danos morais e materiais.

A conta, que foi criada em 2015 e tinha pouco mais de 200 mil seguidores, abordava temas ligados ao feminismo antirracista e aos direitos humanos, contando com mais de 11 mil postagens a esse respeito, categorizadas por mecanismos de indexação, como as *hashtags*, o que gerava grande alcance de seu conteúdo aos não seguidores. Até o presente momento, a conta não foi reativada, mesmo após sua administradora Triscila Oliveira mobilizar celebridades no Brasil e nos Estados Unidos, a ponto de o CEO da empresa ser questionado nas redes sobre o bloqueio.

---

106 Cf. GALF, 2021.
107 Cf. MUNDO NEGRO, 2021.

Assim, sem tornar públicas as razões específicas da remoção da conta e de todo o conteúdo da ativista, demonstrou-se a recorrência da desproporcionalidade e da subjetividade da moderação dos aplicativos, assim como a potencial inconstitucionalidade da gestão das redes sociais no que se refere aos conteúdos que exercem a liberdade de expressão para atender preceitos constitucionais indeléveis, como o combate ao racismo e a outras espécies de discriminação.

Item 3 – "Seu compromisso com o Facebook e com nossa comunidade", **subitens 1, 2 e 3** – Respectivamente: "Quem pode usar o Facebook", "O que você pode compartilhar e fazer no Facebook" e "As permissões que você nos concede". Nesses pontos, destacam-se tanto a importância de se preservar o desenvolvimento das crianças, que não podem ser usuárias dos aplicativos do grupo econômico da rede social, bem como a vedação de acesso à pessoa condenada por crimes sexuais.[108] Ademais, há um importante regramento de que a conta deve pertencer à pessoa que a criou, devendo ser configurada com informações precisas sobre a titularidade, inclusive usando o mesmo nome que se usa na vida cotidiana, o que demonstra alinhamento constitucional da liberdade de manifestação de pensamento com a vedação ao anonimato. Logo, contas falsas não são permitidas nos aplicativos do grupo econômico Facebook.

Desses subitens, ainda é possível ressaltar a proibição a determinadas condutas durante o exercício da liberdade de expressão, o que também vai ao encontro da gramática de direitos do ordenamento jurídico brasileiro: "Que seja ilegal, enganoso, discriminatório ou fraudulento." Ademais, o contrato de adesão do Facebook acerta ao dizer que a exclusão de conteúdo pelo usuário não pode ser imediata em seus servidores, embora não fique mais visível para o grande público, porque é preciso atender às obrigações legais e/ou judiciais, o que abarca a possibilidade de identificação e responsabilização pelo cometimento de crimes contra a honra, por exemplo, ou outras atividades delituosas, como se extrai expressamente:

---

108 "Tentamos fazer com que o Facebook esteja amplamente disponível para todos, mas você não poderá usá-lo se: você for menor de 13 anos (ou se estiver abaixo da idade legal mínima em seu país para usar nossos produtos); você tiver sido condenado por crime sexual."

A exclusão imediata restringiria nossa capacidade de: investigar ou identificar atividade ilegal ou violações aos nossos termos e políticas (por exemplo, para identificar ou investigar o uso indevido de produtos ou sistemas); cumprir uma obrigação legal, como a preservação de provas; ou atender a uma solicitação de uma autoridade judicial ou administrativa, de aplicação da lei ou de uma agência governamental. Neste caso, o conteúdo será mantido apenas pelo tempo necessário para os fins para os quais foi retido (a duração exata variará caso a caso).

Em outras palavras, o contrato de adesão do Facebook demonstra estar alinhado à legislação de muitos países quanto aos deveres e obrigações relacionados à guarda de dados e informações para fins de eventuais identificações e responsabilizações, como institui o Marco Civil da Internet e a Lei Geral de Proteção de Dados. Além disso, ainda que, por um lado, o aplicativo tenha resolvido conflitos em última instância na maior parte dos casos – exercendo, em certa medida, uma soberania digital –, por outro lado, em trechos como o destacado, a empresa expressamente declara que está sujeita à jurisdição do Brasil, às suas ordens legais e à própria lei, o que indica uma submissão formal à soberania digital do Estado. No entanto, não se pode falar em submissão material à soberania, uma vez que há muitas contradições no desenvolvimento das suas atividades, como demonstrado nas páginas anteriores.

O STF: SOBERANIA, NOTÍCIAS FALSAS E O INQ 4.781

Este capítulo se destina à compreensão de como a soberania do Estado democrático de direito brasileiro é resguardada pelo órgão de cúpula do Poder Judiciário, em tempos de grande protagonismo das redes sociais nos assuntos da República, inclusive com relevantes endereçamentos de seu destino político, com preponderância da internet para a formação da opinião pública, a manifestação do pensamento e o processo democrático de debate e disputa narrativa. Somado a isso, há o atravessamento de riscos novos daí decorrentes, a exemplo não apenas das notícias fabricadas ou falsas, mas também do ataque sistemático às instituições, que começam *on-line*, com a pretensão de alcançar o âmbito *off-line*. É por esse fulcral motivo que o recorte deste capítulo correlaciona todos esses elementos ao eleger o Inquérito 4.781 como sua síntese de análise, não apenas pela pertinência que guarda com os objetivos desta tese, mas também porque seria inapropriado um recorte maior do assunto, o que poderia levar a um fôlego desproporcional à arquitetura exigida para o livro.

Em relação à soberania, o Supremo Tribunal Federal tem importante jurisprudência. Por exemplo, quanto ao inciso I do artigo 1º da Constituição da República, o sítio eletrônico da Corte, na seção "A Constituição e o Supremo",[109] relaciona três julgados correlatos à soberania, a saber: 1) Reclamação 11.243 – relator para o acórdão: o Ministro Luiz Fux, julgado em 08 de junho de 2011, P, *DJE* de 05/10/2011; 2) **Petição 3.388** – relator: o Ministro Ayres Britto, julgado em 19 de março de 2009, P, *DJE* de 01/07/2010; e 3) *Habeas corpus* 72.391-QO – relator: o Ministro Celso de Mello, julgado em 08 de março de 1995, P, *DJE* de 17/03/1995. Na Reclamação, o Supremo decidiu que:

> O art. 1º da Constituição assenta como um dos fundamentos do Estado brasileiro a sua soberania – que significa **o poder político supremo dentro do território, e, no plano internacional, no tocante às relações da República Federativa do Brasil com outros Estados soberanos**, nos termos do art. 4º, I, da Carta Magna. [...] **A soberania, dicotomizada em interna e externa, tem, na primeira, a exteriorização da vontade popular (art. 14 da CRFB)**

---

109 Cf. Supremo Tribunal Federal. Sítio eletrônico. A Constituição e o Supremo. Disponível em: http://www.stf.jus.br/portal/constituicao/constituicao.asp#3. Acesso em: 17 dez. 2020.

através dos representantes do povo no parlamento e no governo; **na segunda, a sua expressão no plano internacional, por meio do presidente da República.** [...] (grifo nosso)

Como se nota nesse julgado, o STF consolida, na jurisprudência, a posição doutrinária dos contornos jurídicos da soberania explorados no Capítulo 1 deste livro, com destaque para a reivindicação objetiva e legítima de decidir, em última instância, dentro de um determinado território – no caso, o dos espaços do Brasil –, bem como para a expressa remissão à fonte da autoridade política da *summa potestas* em sua faceta interna, dada pela exteriorização da vontade popular por meio dos representantes do povo no parlamento e no governo. Ademais, no plano internacional, não se arredou do pacto westphaliano de horizontalidade.

Na Petição, ademais, o excelso tribunal decidiu que:

As "terras indígenas" [...] fazem parte de um **território estatal-brasileiro sobre o qual incide, <u>com exclusividade</u>, o direito nacional.** E, como tudo o mais, [...] são terras que se submetem unicamente [...] à soberania ou "independência nacional". [...] Nesses **estratégicos espaços**, em muito facilita e até **obriga que as instituições de Estado** [...] **se façam** também **presentes** com seus postos, [...] sem precisar de licença de quem quer que seja para fazê-lo. Mecanismos, esses, a serem aproveitados como oportunidade ímpar para conscientizar ainda mais [...], **alertá-los contra a influência eventualmente malsã de certas organizações não governamentais estrangeiras,** [...] **defesa e integridade do território nacional** [...]. (grifo nosso)

Assim, a partir desse acórdão, depreende-se a exclusividade do direito nacional sobre o território estatal brasileiro (no que se incluem os tratados internalizados e aqueles a que o Brasil tenha se obrigado), o que afasta a possibilidade de implementação do monopólio da autorregulação das redes no espaço digital do Brasil, que é formado por um sistema de comunicação física e tecnológica que viabiliza a internet imaterial para suas cidadãs e cidadãos, razão pela qual, como aprendido, é obrigatória a presença das instituições do Estado também nesse *locus artificialis*. E não poderia ser mais oportuno, neste momento, citar a necessidade de se implementar mecanismos de transparência, cidadania e responsabilidade que alertem contra malfeitos e delitos dirigidos ou perpetrados no concerto digital, como a influência malsã de certas organizações não governamentais estrangeiras nas redes sociais que propagam notícias falsificadas em massa ou realizam experimentos com os seus usuários, sem obter consentimento para tanto, desafio do século XXI ligado à integridade do território nacional. Por último, no Habeas Corpus, o Supremo assentou que:

> A imprescindibilidade do uso do idioma nacional nos atos processuais, além de corresponder a uma exigência que decorre de razões vinculadas à própria soberania nacional, constitui projeção concretizadora da norma inscrita no art. 13, *caput*, da Carta Federal, que proclama ser a língua portuguesa "o idioma oficial da República Federativa do Brasil".

Por inferência lógica, o acórdão não afasta a jurisdição do país para resolver, em última instância, conflitos ou matérias relevantes a que tenha sido provocada a responder, ainda que tais condutas ou objetos tenham sido vazados em vernáculo alienígena. O que fica condicionado, somente, é que a provocação e a impulsão dos atos processuais serão sempre em idioma nacional.

Em relação às notícias falsas e sua propagação, sabe-se que são encontradas desde o surgimento e o aprimoramento das comunicações de massa, inclusive para enredar processos eleitorais. Assim, pode-se dizer que não são um fenômeno novo, tanto porque são críticas, exigindo dos bons profissionais de imprensa o estabelecimento da checagem como procedimento de responsabilidade antes da divulgação da notícia, quanto porque a própria radiodifusão e televisão levaram os padrões comunicativos a patamares inéditos da comunicação de massa, o que demandou a regulação do seu uso em diversos Estados, sendo um dos objetivos imunizar os espectadores contra o alargamento malicioso ou a criação de fatos, a exemplo da clareza comunicativa que se deve ter entre o que é editorial e o que é notícia ou, ainda, da garantia ao direito de resposta.

Entretanto, com a especialização do fenômeno da globalização, catapultado pela internet, tornou-se possível criar um *status* de imediatidade da notícia, pois, uma vez ocorrido um fato relevante, é quase instantâneo o seu conhecimento por qualquer pessoa, em qualquer parte do mundo. Além disso, a abertura do território digital, cada dia mais universalizado, possibilitou que a manifestação do pensamento deixasse de ser um direito de escassos personagens, transformando todos os antigos leitores, ouvintes e telespectadores em possíveis produtores de conteúdos, que podem ser tão acessados quanto aqueles outrora veiculados por algumas poucas mídias.

Nesse aspecto, são inegáveis os benefícios percebidos pela sociedade em geral com o advento da internet e, depois, das redes sociais virtuais e seus aplicativos. Houve um alto grau de estreitamento de fronteiras e, em alguns casos, as comunicações e/ou a produção e o consumo de conteúdos alcançaram tal abrangência que podem ser categorizados como um fato internacional *per se*, o que universaliza a acessibilidade ao conhecimento, às informações, à pluralidade e à diversidade de culturas. Como se não bastasse, o uso da escrita para exteriorizar os pensamentos leva a geração tecnológica a ser uma das que mais escreve e lê.

Não obstante, a realidade fática é um colorido cujo espectro não permite que se produzam apenas benefícios, e não foi diferente com o desenvolvimento da tecnologia da informação. Do passado mais recente, já emergiram monopólio e oligopólio das redes, o que exige uma concertação antitruste também na seara digital, em favor do desdobramento racional do mercado, que é patrimônio nacional. Da mesma forma, veio à tona a massificação de notícias falsas, com objetivos diversos de convencimento, dos mais obtusos aos mais perigosos, isto é, desde pretender planificar a natureza esférica dos planetas até viciar processos eleitorais em uma escala nunca antes vista, com o uso de *deepfakes* capazes de atribuir o rosto de uma pessoa a outra diferente, apenas para fundamentar uma notícia falsa que, por desventura, degrade alguém.

Como se não bastasse, mais grave é a informação dada por especialistas em tecnologia, inclusive do Vale do Silício e ex-funcionários dos maiores aplicativos do mundo, de que uma mentira publicada em uma rede social tem o condão de se multiplicar sete vezes mais do que uma verdade.[110] Em outras palavras, faltar com a verdade mobiliza mais as pessoas no território digital, levando-as a compartilhar, escrever, comentar, visualizar e interagir mais nas redes, de modo a atender aos anseios dos proprietários das redes pelo engajamento de seus usuários, pois mantê-los conectados por mais

---

110   Cf. *O dilema das redes*, 2020.

tempo equivale a uma maior produção de dados em termos de variedade, velocidade, volume, veracidade e valor – os 5 V do *big data*, tão importantes para se alcançar o superávit comportamental, que nada mais é que o excedente analítico de condutas que pode ser vendido para as empresas ou governos interessados em atingir, com maior grau de acurácia, o seu público--alvo.

Em tal contexto, é importante rememorar um dos sete "desafios às estudiosas e aos estudiosos do direito constitucional",[111] abordados por Virgílio Afonso da Silva no capítulo final de seu mais recente livro, *Direito constitucional brasileiro*:

> [...] No que diz respeito à liberdade de expressão, um dos grandes desafios ao direito constitucional e à democracia é como lidar com aquilo que se convencionou chamar de *fake news*, termo que, embora usualmente traduzido como **notícia falsa**, talvez fosse mais bem traduzido pela expressão **notícia fabricada**. (grifo nosso)

A partir dessa proposta desafiadora, certamente se deve considerar que o direito, como ciência que é, deve ter o seu próprio tempo de digestão e maturação dos fenômenos sociais aplicados, como sempre foi de sua natureza. Isso porque o Direito deve ser moderado, autocontrolado, sóbrio e equidistante, sob pena, por exemplo, de desfazer a racionalização jurídica do poder, isto é, sob pena de deslegitimar a própria soberania, transformando-a de volta em poder da força, em desfavor da democracia que a sustenta e que objetiva a proteger. Contudo, há bens jurídicos fundamentais em risco no concerto digital, assim como estão em risco as instituições que devem guardá-los, fatos que demandam imediato debruçar e produção resolutiva, como é o caso das ocorrências que originaram a instauração do Inquérito 4.781 no STF, que será analisado a seguir.

---

111 Cf. SILVA, 2021, p. 629 e 632.

DECISÃO DO MINISTRO ALEXANDRE DE MORAES DE BLOQUEIO DE CONTAS

No dia 14 de março de 2019, o então presidente do Supremo Tribunal Federal, o ministro Dias Toffoli, determinou a instauração de um inquérito (de número 4.781,[112] conhecido como inquérito das *fake news*), no âmbito do excelso tribunal, por meio da Portaria GP n. 19, nos termos do artigo 43 do Regimento Interno (RISTF). Sua intenção era apurar notícias fraudulentas, denunciações caluniosas, ameaças e infrações que estariam atingindo a honorabilidade e até mesmo a segurança tanto do STF, enquanto instituição, quanto de seus membros e familiares, quando houvesse, nesse último caso, relação direta com a dignidade das ministras e dos ministros. Assim como figurava no rol investigativo, o vazamento de informações e documentos sigilosos por parte daqueles que possuem o dever legal de guardar segredo era motivado pela suposta atribuição ou insinuação da prática de atos ilícitos por membros da Corte. Por fim, a análise da materialidade e da autoria também abarcaria a verificação de fatos ligados à existência de esquemas de financiamento e divulgação em massa nas redes sociais, relativos a conteúdos nocivos à independência do Poder Judiciário e ao próprio Estado democrático de direito.

Tais indícios de materialidade tangibilizam os desafios à soberania em todos seus aspectos jurídicos, extensamente detalhados nos primeiros capítulos desta obra. Nessa esteira, cerca de um ano mais tarde, em 11 de maio de 2020, as documentações e informações agrupadas no INQ 4.781 forneciam sérios indícios da prática de crimes por cerca de onze pessoas financiadas por cerca de outros cinco indivíduos, tipificados nos artigos 138, 139, 140 e 288 do Código Penal, bem como nos artigos 18, 22, 23 e 26 da Lei n. 7.170 de 1983. Merecem destaque as diversas postagens, reiteradas em redes sociais, com conteúdo de ódio e de subversão da ordem, relatadas em mais de sete ocasiões.

A autoridade policial designada para o inquérito, por ocasião dessas informações colacionadas, manifestou-se no sentido de que seriam necessárias medidas legais que robustecessem a checagem da autoria e da materialidade, cuja justa causa seria alcançada por meio de mecanismos e

---

112 BRASIL, 2020.

medidas de polícia judiciária, como busca e apreensão de equipamentos eletrônicos, perícias e produção de prova oral, com a oitiva dos possíveis envolvidos. Essas conclusões, indicadas inclusive por laudos técnicos, foram corroboradas por depoimentos de deputados federais ouvidos em juízo, que, em síntese, apontaram para a existência de uma movimentação malsã em grupos do WhatsApp e páginas do Facebook, coordenada por pessoas e robôs direcionados para criar um estado de ruptura constitucional, utilizando-se de meios fraudulentos em massa que, dentre outros, atacavam a honra de servidores públicos.

Para demonstrar esses fatos, seguem algumas postagens em redes sociais, retiradas do inquérito, que os corroboram – eventuais erros no emprego da modalidade culta da língua foram mantidos de forma a reproduzi-las fidedignamente: i) "O STF, via Marco Aurélio Mello, acaba de rasgar mais uma vez a Constituição, dando a governadores e prefeitos o poder de restringir o direito de ir e vir de cidadão brasileiros. Temos então, com autorização da JUSTIÇA, DITADORES governando estados e cidades. Art. 142 Já." (perfil @oofaka, 24 de março de 2020); ii) "Recado aos Ministros do STF: não brinquem com a Lava Jato, ou nós vamos derrubar CADA UM DOS SENHORES" (perfil @ZambelliOficial, 14 de março de 2019); e iii) "Já passou da hora de contarmos com as forças armadas. Passou!" (perfil @DanielPMERJ, 19 de abril de 2020).

Essas manifestações de pensamento, em muitos sentidos, não apenas distorcem os fatos, quando não os falseiam ou fabricam, como também não se inibem em fazer apologia a crimes, ameaçando integrantes da Suprema Corte e a estrutura constitucional do país. Um dos perfis é um acrônimo que não corresponde ao nome utilizado no dia a dia pela pessoa que o administra, fato em desconformidade com o padrão de contrato de adesão analisado e que, sobretudo, afronta a vedação ao anonimato. Por esse motivo, o Facebook, independentemente de medidas judiciais, tem espaço para, dentro dos ditames legais, desativar milhares de contas falsas ou robôs que não são permitidos na rede,[113] justamente porque passam a falsa ideia de manifestação espontânea e legítima, com o condão de atingir e mobilizar milhares de pessoas, como é o caso das postagens citadas, que chegaram a muitos cidadãos e cidadãs.

---

113 Cf. SILVA, 2021(a).

Munido de uma variedade de informações de diversas fontes, inclusive conjugada com outras extraídas de laudos técnicos, o inquérito identificou um fluxograma de ataque ao Estado democrático de direito e à sua soberania, que pode ser assim descrito:

> Os perfis influenciadores iniciam ataques selecionando um tema, por exemplo, o impeachment de membros do STF. Nessa etapa inicial, esses perfis não necessariamente utilizam uma *hashtag* para disseminar o ataque escolhido, valendo-se, muitas vezes, de seus seguidores para "criar" uma hashtag e impulsionar esse ataque. Dessa forma, os perfis influenciadores não apareciam como criadores da *hashtag* que simboliza o ataque [por eles idealizados, na verdade]. [...] no mesmo dia, de forma aparentemente coordenada, impulsionando ainda mais a adoção [da] *hashtag* por seus seguidores, de forma que essa alcançasse os *"trend topics"* da rede social Twitter. Uma vez [ali], sua visualização é ampliada significativamente para fora da "bolha", alcançando muitos outros usuários, que não são seguidores dos influenciadores iniciais.[114]

Logo, o INQ 4.781 foi exitoso, na medida em que remontou uma das possíveis linhas percorridas pela associação criminosa nas redes sociais, empregadas com o fito de escamotear a autoria delitiva, ao passo que se dava a ideia de espontaneidade do dito "movimento". Isso gerou a obrigação de se obstar a continuidade delitiva, consubstanciada na ameaça à integridade das instituições, de seus membros e da democracia, que foi viabilizada, dentre outras deliberações, pela decisão do ministro Alexandre de Moraes de bloquear as contas e perfis em redes sociais dos investigados identificados, bem como pela determinação para que os aplicativos fornecessem a identificação dos usuários que se escondiam por trás de seus perfis robóticos ou falsos.

Nessa decisão atenta e ponderada de 26 de maio de 2020, o ministro Alexandre de Moraes também levou em consideração que o afastamento excepcional de garantias fundamentais é ferramenta idônea quando o exercício de direitos apenas visa a se tornar um escudo protetivo para a prática de atividades ilícitas ou quando, por exemplo, a manifestação do

---

114 BRASIL, 2020(a).

pensamento ocorre de modo seletivo, valendo-se desse direito ao mesmo tempo em que se nega o dever a ele conjugado de responsabilidade, como se fosse possível haver direitos absolutos – exatamente como se expôs no item 1.2 do Capítulo 1, quando se inferiu que a liberdade de expressão é inseparável da responsabilidade verificada *a posteriori*. Portanto, a decisão de bloqueio de contas no território virtual demonstrou ser uma das projeções possíveis de emprego da soberania do Estado democrático de direito no concerto digital, ao apontar que o instituto é capaz de reivindicar, com eficácia e legitimidade, a resolução em última instância também nesse espaço eletrônico.

ADPF 572 MC/DF: VOTO DO MINISTRO RICARDO LEWANDOWSKI

Entretanto, como a democracia e a jurisdição constitucional acertadamente permitem, surgiram legítimas visões críticas à instauração do inquérito das *fake news*, muitas delas consubstanciadas na gramática de direitos da Carta da República, sendo o ajuizamento da medida cautelar em arguição de descumprimento de preceito fundamental – ADPF (de número 572 do Distrito Federal)[115] em face da portaria GP n. 69/2019, que instaurou a investigação no âmbito do Supremo e que melhor sintetizou essa oposição qualificada.

O legitimado sustentou que a combatida portaria tinha a aptidão de ameaçar os preceitos fundamentais da liberdade pessoal e da separação dos poderes: primeiro, porque, ao seu sentir, o artigo 43 do Regimento Interno do Supremo Tribunal Federal (RISTF) não poderia ser subsumido aos casos ocorridos fora das dependências físicas do excelso tribunal, sob pena, argumentou-se, de esvaziar-se a dignidade da pessoa, o princípio da legalidade, a garantia do processo legal e a proibição de juízos ou tribunais de exceção; segundo, porque se estaria a usurpar a competência do Ministério Público na titularidade da ação penal, mitigando, por consequência, o próprio sistema acusatório.

---

115 BRASIL, 2020(b).

Ademais, o requerente aduziu que pessoas jurídicas e entes despersonalizados, como o STF, não podem ser sujeitos passivos de crimes contra a honra, tipo penal que exige representação do ofendido, o que não caberia à pessoa moral alguma. Ou seja, sustentou-se que o INQ 4.781 carecia de justa causa, até mesmo porque não haveria fatos determinados em seu objeto. Após manifestarem-se as autoridades implicadas, houve voto solar do ministro Lewandowski na medida cautelar na ADPF.

Em densa e profunda análise, o ministro concatenou a constitucionalidade dos artigos do RISTF com o sistema acusatório e demonstrou que o sistema de freios e contrapesos da tripartição da soberania são instrumentos que combatem o poder absoluto, razão pela qual, quando a Constituição e os tratados internacionais de direitos humanos endereçam a órgãos distintos as atribuições típicas de acusar e de julgar, eles não instituem um monopólio, mas uma titularidade da ação penal, dado que a separação dos poderes justamente permite que cada um deles realize atos típicos de investigação, inclusive criminais, com o fito de assegurar as condições constitucionais que garantem atuação independente e funcionamento regular das suas próprias atribuições.

Assim, o ministro ponderou que as investigações penais no âmbito do Supremo, sob competência do relator designado, compreendem poderes de direção que não se esgotam apenas na supervisão típica do juízo, mas que se estendem até mesmo aos casos de sustação das próprias investigações, pois suas atribuições decorrem da teoria dos poderes implícitos, que autoriza o emprego de todos os meios necessários, razoáveis e proporcionais para levá-las às conclusões que efetivamente apurem os fatos, como se decidiu no caso McCulloch *versus* Maryland, tantas vezes invocado em acórdãos no STF, razão pela qual não prosperou a tese de violação do preceito fundamental da separação dos poderes.

Soma-se a isso o fato de que o RISTF, além de ter sido recepcionado pela Constituição, tem força de lei em sentido material, equiparando-se à legislação processual que norteia a instauração de inquéritos em termos gerais, motivo pelo qual o regimento interno pode sobrepujar a lei geral quando necessário, como é o caso do INQ 4.781, dada sua especialidade. Por isso, não houve como acolher a argumentação de ameaça às liberdades, porque os mandamentos e princípios constitucionais que delimitam o processo não foram confrontados pela investigação instaurada e conduzida no âmbito do Supremo, cujo escopo esteve, desde o início, assentado sobre a apuração dos fatos típicos e antijurídicos, que orbitam tanto a segurança de seus membros e familiares como a segurança institucional.

Nesse último ponto, reside um dos principais fundamentos, extraído do voto do ministro Lewandowski na medida cautelar na ADPF 572, pertinente ao presente livro e seus objetivos. Como se recorda, a visão crítica dissonante quanto à legitimidade e à legalidade do inquérito sustentava uma leitura restritiva da expressão "sede ou dependência do Tribunal", negando à sua projeção virtual a tutela prevista no artigo 43 do RISTF, tendo sido rebatida pelo entendimento de território ou concerto digital como espaço legítimo de exercício da soberania do Estado democrático de direito brasileiro, exatamente como se defendeu ao longo de toda esta obra, inclusive no que se refere à obrigação de resolver, em última instância, condutas ilícitas que visem a embaraçar as atividades das suas instituições regulares. É da lavra de Sua Excelência:[116]

> [...] cumpre assentar que a expressão "sede ou dependência do Tribunal", prevista no art. 43 do RISTF – e tida na inicial como limitadora das investigações – não pode, à toda evidência, ser tomada em sua literalidade, sobretudo porque **a jurisdição dos ministros e as ameaças que vêm reiteradamente sofrendo ocorrem sobretudo <u>no ambiente virtual</u>**. Não se olvide, ademais, que estes, segundo a Constituição, **exercem jurisdição em todo o território nacional, e o que fazem, cada vez mais, longe dos respectivos gabinetes e plenários da Casa, por meio de assinaturas eletrônicas,** particularmente nesse momento de pandemia decorrente do novo coronavírus. [veja-se o caso de todas as sessões virtuais plenárias e de turmas ocorridas durante o período da pandemia – comentários nossos] Não fosse isso, impende considerar que, <u>atualmente, as redes sociais</u> **e os novos meios de comunicação** – cujo meio de propagação, <u>por excelência, é a internet</u> – **não veiculam apenas manifestações,** reflexões ou críticas **condizentes com a realidade factual, <u>mas dão curso</u>, de forma crescente, a mentiras, ameaças, ofensas e outras aleivosias, sobretudo a ataques criminosos** aos membros e servidores desta Suprema Corte e a autoridade de outros poderes. (grifo nosso)

---

116 BRASIL, 2020(b), p. 26.

Portanto, como se destacou, a realidade atual tornou evidente que o território digital não é um espaço separado do território nacional, porque aquele é uma das projeções deste, no qual os poderes reivindicam, com êxito, as suas competências emanadas da soberania. Isso também reforça a tese aqui defendida de manutenção de um dos principais atributos da *summa potestas*, a unidade, mesmo diante dos desafios postos pelas pretensões, usos e autorregulações quase totalizantes das redes sociais. Contudo, diante do exposto, para completar a resposta ao terceiro objetivo desta obra – ou seja, compreender como a soberania do Estado democrático de direito brasileiro é resguardada pelo órgão de cúpula do Poder Judiciário, em tempos de grande protagonismo de uso das redes sociais nos assuntos da República –, resta saber se o STF pode controlar a fabricação e a difusão de notícias falsas.

O STF PODE CONTROLAR A DISSEMINAÇÃO DE *FAKE NEWS*?

Não rimarei a palavra sono
com a incorrespondente palavra outono.
Rimarei com a palavra carne
ou qualquer outra, que todas me convêm.
As palavras não nascem amarradas,
elas saltam, se beijam, se dissolvem, [...]
são puras, largas, autênticas, indevassáveis.[117]

Norberto Bobbio, a seu turno, afirma que a linguagem é empregada também na luta política – "a arma da palavra" –, sendo termos como "democracia" e "ditadura" tão frequentemente utilizados, desde muito tempo, que seu emprego se dá de maneira comum e, portanto, não unívoco. "A linguagem política é notoriamente ambígua. A maior parte dos termos usados [...] tem significados diversos. Essa variedade depende tanto do fato de muitos termos terem passado por [...] mutações históricas [...]

---

117 ANDRADE, 1991.

como da circunstância de não existir [...] uma ciência política tão rigorosa" para impor significados unívocos.[118]

O autoritarismo, nessa esteira e por analogia, pode e é muitas vezes observado divergentemente na Academia e no senso comum, inserido de forma controversa nas lutas políticas registradas na história. Por exemplo, quanto à instituição do AI-5 no Brasil, ao mesmo tempo que a ideia de uma revolução era vista como algo necessário para combater um autoritarismo potencial, ela foi entendida justamente como instituidora do autoritarismo, e não um meio de preveni-lo. Por essa razão, abstratamente, Bobbio buscou estabelecer o *Dicionário de política* para superar tais controvérsias, oferecendo uma explicação mais pacificada dos conceitos que fazem parte do repertório político.

Contudo, *fake news* não é uma expressão do seu tempo, razão pela qual ela não pôde ser brilhantemente estudada por Bobbio. Ainda assim, não se espera que o encadeamento natural dos fatos seja sempre alcançado pelos clássicos, tampouco se pode exigir que as Cortes Constitucionais se neguem a exercer sua jurisdição quando as palavras, ainda não amarradas por Drummond, têm tido o condão de degradação do Estado democrático de direito. Entretanto, é certo que o STF não pode controlar a disseminação de *fake news*, porque, se assim fosse, haveria flagrante inadequação entre tal função e sua finalidade.

Seu fim é a atividade típica, na qual se identificam os seguintes objetivos: guardar a Constituição da República, em controle concentrado e difuso; ser o órgão de cúpula do Poder Judiciário; e presentar a terça parte fundamental da separação dos poderes, sem a qual não há sistema equilibrado de freios e contrapesos no Estado constitucional, razão por que também é o tribunal de competência originária para matérias de justiça comum em determinados casos. Contudo, suas atividades típicas não afastam sua independência, essencial para a completude da soberania nacional. A jurisdição é prestada sem condicionamentos, o que enreda, inclusive, o exercício de atividades atípicas, como gerir seu próprio orçamento, levando a cabo atuações *interna corporis* de administração e execução da lei, e legislar com especialidade sobre hipóteses de incidência que

---

118 BOBBIO, 2016, p. 1.

se sucedem sob o seu teto, tal como ocorre com o artigo 43 do RISTF, que deu ensejo ao controvertido INQ 4.781.[119]

Nesse sentido, ainda que as investigações do INQ 4.781 sejam conduzidas pelo próprio STF, possíveis impactos, como vulneração da separação dos poderes e esvaziamento do sistema acusatório, não podem subsistir quando está patente que o exercício de atividades atípicas é medida que, ao contrário, fortalece a independência do Judiciário, ao passo que não invade a titularidade do Ministério Público, prevista no inciso I do art. 129 da Lei Fundamental de 1988. Não se pode confundir promoção da ação penal pública incondicionada, que inaugura alguns processos, com investigação ou pré-processo. Ademais, também não se pode falar em impactos de ordem, tais como criação de um suposto tribunal de exceção, porque não é o STF quem, eventualmente, processará e/ou julgará eventuais denúncias oferecidas pelo MPF, haja vista que, até agora, "mais de 90% dos autos do Inquérito 4.781/DF foram declinados para a primeira instância [...]".[120]

Ainda nessa linha, sequer há de se falar em vulneração de juiz natural, devido processo legal ou mandamentos processuais de contraditório e ampla defesa como impactos possíveis, pois, além de investigação não ser processo, o juiz de instrução não é, no caso, juiz da eventual causa. Assim, por essas mesmas razões, tampouco se poderia falar em suspeição dos ministros Toffoli e Moraes, salvo venham, no futuro, a julgar processos originados pela combatida investigação, hipótese que exigirá maior distanciamento e maiores considerações.

Desimpedir o mecanismo do juízo de garantias, por exemplo, parece ser uma resposta capaz de superar essa questão. Entretanto, eventuais impactos apenas seriam possíveis caso o STF, em turma ou plenário, apreciasse o mérito de processos que tiveram origem no INQ 4.781, já que não pode o mesmo juiz que dirigiu a investigação figurar na posição imperiosa de equidistância entre réu e acusação, pois formou convencimento psicológico pré-processual, em certa medida, *in malam partem* frente aos investigados. No caso em questão, os próprios ministros são também as vítimas que ensejaram a instauração do INQ, uma aparente confusão de

---

119 BRASIL, 2020(b).

120 BRASIL, 2020(b), p. 29.

papéis que não tem, *per se*, o condão de afastar o exercício atípico da instrução do inquérito, embora, por outro lado, não tenha também a capacidade de fazer supor uma imparcialidade *iure et de iure*, ou absoluta, dos ministros instrutores.

Contudo, é nesse ponto que reside o maior impacto possível por um processo aberto em razão de uma investigação conduzida por iniciativa do STF, pois, sendo os(as) ministros(as) vítimas, eles estariam diretamente interessados na causa, restando seu juízo de valor turbado pelo envolvimento no sítio criminoso. É dizer, caso quaisquer desses processos subissem ao Supremo, a suspeição ou o impedimento dos(as) ministros(as) poderia equivaler à negação de jurisdição ou à negação de acesso à justiça, o que não pode ocorrer. Entretanto, a suspeição ou impedimento apenas do então ministro-juiz-instrutor ou dele e do então presidente limitariam o plenário competente e garantiriam o *mister* típico do STF, com a lisura de costume. Ademais, seria possível circunscrever tais processos a determinada turma ou, ainda, aguardar a mudança natural/temporal de composição: sugestões que, em conjunto ou separadamente, poderiam alcançar o mesmo bem jurídico.

Entrementes, no caso concreto, há outro possível impacto, que seria, por algum lapso remoto, o uso do inquérito como mecanismo inidôneo de censura prévia, como argumentou a AGU em petição inicial, na ADI sem número vinculada ao inquérito das *fake news*, a qual buscou ver conferida interpretação restritiva aos artigos das leis (geral e específica) que tratam do poder geral de cautela dos magistrados. Contudo, vale destacar que, como a liberdade de expressão tem um duplo aspecto normatizado pela Constituição, o negativo e o positivo,[121] ambos tratados no item 1.2, não haverá impacto equivalente à censura prévia, caso o inquérito siga instruído apenas sob o aspecto positivo da liberdade de expressão, o que não se confunde com o dever de preservação da ordem pública ou de impedir a consumação ou continuidade de crimes em estado de flagrância, tampouco com a consideração a respeito do *periculum libertatis* constatado nas hipóteses de preventiva ou a bem de investigações na prisão temporária, fundamentos considerados naquela decisão de bloqueio de contas.

---

121 BRASIL. STF. Plenário. ADI 4451/DF. Min. Relator Alexandre de Moraes. D.J. 21.06.2018.

Desse modo, ainda que não seja função do STF controlar a disseminação de *fake news*, é atribuição sua, na figura do seu presidente, "ocorrendo infração à lei penal na sede ou nas dependências do Tribunal, [instaurar] inquérito, se envolver autoridade ou pessoa sujeita à sua jurisdição, ou [delegar] esta atribuição a outro Ministro". Assim, quando os injustos típicos de calúnia, difamação e injúria são manejados em larga escala, como se notícias fossem, contra as ministras e ministros do Supremo, com o fim aparente de "tentar impedir, com emprego de violência ou grave ameaça, o livre exercício [...]"[122] das suas funções e do STF, não se pode deixar de investigar esses ou quaisquer outros crimes sob a alegação de que a "sede" do Excelso Tribunal apenas seria aquela física, como sustentara a rede,[123] sob pena se criar uma teratologia no Direito, um estado *non liquet*, ou mesmo de se incorrer no crime de prevaricação.

Nessa esteira, como a disseminação de *fake news* é a propagação dolosa de desinformação exercida inadvertidamente sob o manto da liberdade de expressão, com emprego de fraude, sua subsunção aos tipos penais vigentes pode apontar para práticas antijurídicas que vão além da calúnia, da difamação ou da injúria. Tal exercício lógico tem levado à conclusão de que um dos seus principais objetivos é a desestabilização institucional, quando se ataca a imagem-atributo das ministras, dos ministros e da Corte como personalidade jurídica, à luz do inciso V do art. 5º da CF, atribuindo-lhes condutas desmoralizantes, com o fito de degradar o ambiente institucional e levar à erosão o Estado democrático de direito.

Nesse sentido, tal como cita o ministro Alexandre de Moraes em sua "Decisão de bloqueio de contas", no INQ 4.781/DF, críticas criminosas, como "O STF hoje é o maior fator de instabilidade e insegurança jurídica. Está claramente a serviço da bandidagem e ignora a Constituição", que seriam solucionadas por propostas igualmente delituosas de se "ucranizar" o país, via "Art. 142 Já", ou ameaças como "Não sairão ilesos. Pagarão caro" e "Acabaram de pintar em suas testas um belo de um alvo", são indícios, eminentemente virtuais, aptos e suficientes de probabilidade para revestir de justa causa a investigação no âmbito do Supremo.

---

122 BRASIL, 1983. art. 18.

123 Petição Inicial da Rede Sustentabilidade na ADPF 572/DF.

Assim, ficou objetivamente delineado, no inquérito guerreado, os fatos típicos e injustos de calúnia, difamação, injúria, propaganda e financiamento criminosos, os quais são suspeitos de visarem, mediante violência e ameaça, ao impedimento do exercício constitucional do STF. À época da Portaria GP n. 69, de 14 de março de 2019, tais artigos não foram explicitamente dispostos no referido instrumento, uma vez que condutas típicas são descrições de fatos que se subsumem às normas abstratas, cujos elementos já estavam presentes naqueles *animi* apontados nas considerações da Portaria – por isso, no processo, o réu se defende do fato narrado, e não do artigo suscitado. Desse modo, exposto o objeto da investigação, a materialidade, restou claro o escopo subjetivo da investigação, qual seja, descobrir os perpetradores de tais tipos.

Quando Bobbio positivou o conceito de autoritarismo em seu dicionário, pacificou um vocábulo que veio a ser usado de modo "incorrespondente" e "largo" pelos pretensos "drummonds digitais": "AI-5 para preservar a segurança nacional e institucional" (@oofaka, 2020). Contudo, mesmo em tempos de revisionismo histórico, de um passado que não passou, catalisado sobremodo pela "etericidade" do mundo virtual, o STF pôde identificar – como aliás, outros cidadãos também identificaram – que o espaço digital do Supremo tem sido usado para a prática de crimes contra o Estado de direito.

Destarte, como a soberania nacional pressupõe que esteja caracterizado um Estado inscrito em fronteiras, dentre outros elementos, não se imagina que o monopólio legítimo da força reivindicado pelo Estado apenas alcance a crosta terrestre. Há muito que o exercício do poder legítimo e constitucional alcança os seus subsolos, os espaços aéreos, as naves públicas ou o pavilhão brasileiro em lugares internacionais. Nesse sentido, levando-se em conta que até mesmo as fronteiras são linhas imaginárias, por que razão não se permitiria o exercício da soberania no território virtual de um Estado, visto que este tem figurado como mais palpável que as fronteiras em um mundo globalizado? Assim, o território virtual é um dos espaços no qual as cidadãs e os cidadãos estão sujeitos à jurisdição e às competências do Estado, assim como estão amparados por todos os seus direitos, deveres e garantias, o que não seria diferente no caso do Supremo.

Logo, em que pese a sustentação da Advocacia Geral da União (AGU) na ADI sem número quanto à pretendida interpretação conforme os comandos processuais de cautela, tanto do Código de Processo Penal (CPP) quanto do Marco Civil da Internet, para afastar a jurisdição do Supremo sobre o território virtual do Brasil, tal compreensão não seria admissível, porquanto esvaziaria a soberania nacional, privatizando a pacificação de eventuais controvérsias entre sujeitos de direito brasileiros ou estrangeiros sob sua jurisdição, entregando o monopólio do direito no Brasil às empresas que, muitas vezes, sequer estão situadas no país, embora prestem serviços aqui.

Além do mais, isso transformaria o território virtual em lócus sem nenhuma lei vigente, a não ser aquela *inter partes*, cuja legitimidade viria apenas da autonomia da vontade privada em desprestígio àquela democrática, o que não se pode conceber. Do mesmo modo que vidas pessoais e profissionais são vividas via internet, também crimes são ali cometidos, e não somente os típicos contra a honra, mas outros: tratativas de tráfico de pessoas, pornografia infantil, etc.

Da perspectiva do Estado, há que se considerar as ciberguerras, a espionagem e o terrorismo virtual, tal como ocorre com a tentativa de se vilipendiar a imagem-atributo do STF, sua imagem institucional. O INQ 4.781, por conseguinte, representa uma resposta da própria Corte, demonstrando que está à altura do desafio que traz a marca de seu tempo, pois tem sabido zelar pela integridade e funcionamento do Tribunal e do próprio Estado democrático de direito em meio a esse fenômeno social, marcado pela disseminação de desinformações por meio de notícias falsas e degradantes.

Portanto, ainda que o STF não possa controlar a disseminação de *fake news*, ele tem o dever de garantir a integridade dos seus membros, além do bom funcionamento da sua prestação jurisdicional fixada pela Carta Cidadã. Por essa razão, como as informações colhidas durante o desenvolvimento legal e regular do inquérito apontam para a contumaz prática de novas infrações penais contra o STF, por meio de perfis – identificados ou anônimos – em redes sociais, não há motivo para não lançar mão da medida cautelar fundada no inciso II do art. 319 do CPP e bloquear as referidas contas, empregadas como meios de degradação moral e institucional.

Por fim, quando Drummond abordou as palavras pela metalinguagem de sua obra, ele não o fez como uma ode à formalidade; ao contrário, ele buscou combater a forma pela forma parnasiana, amarrando as palavras como lhe convinha, porque a sua liberdade de expressão é direito de dizer tanto quanto é direito de deixar ouvir. Assim, a interpretação em tiras dos direitos fundamentais não se recomenda diante da gramática constitucional, cuja amarração é material e dada pelo conteúdo global, sob pena de se negar unicidade à soberania do Estado democrático de direito e aos seus mandamentos constitucionais. Por outro lado, apegar-se à literalidade de palavras tão "incorrespondentes" e "largas" seria o mesmo que impedir a ulterior responsabilização pelo ilegal emprego da liberdade de expressão, fato que poderia ter permitido que Goebbels reescrevesse o conceito do autoritarismo bobbiano.

SOBERANIA DIGITAL: À GUISA DE CONCLUSÃO

Esta não será uma conclusão clássica. A proposta deste último capítulo é sistematizar, ao modo de conclusão, as respostas atingidas pelos três principais objetivos do livro,[124] e não somente as reapresentar na ordem em que foram alcançadas. Isso porque a finalidade dessa sistematização é conceituar, ao final, o que se pode entender por "soberania digital".

Inauguralmente, restou evidente, de modo amplo, que a realidade fática – que normalmente impõe limites ao instituto jurídico da soberania – ganhou novos contornos com os aplicativos de comunicação instantânea disruptiva, como um verdadeiro incremento qualificado à fusão da informática com as telecomunicações, no âmbito do fenômeno da globalização.

Entrementes, não se nega o avanço tecnológico, seus benefícios e sua influência no Direito, tampouco o desenvolvimento científico ou o progresso social e econômico a ele correlatos, pois suas causas e efeitos conformes são baluartes constitucionais de 1988, que devem ser empregados em conjunto com a soberania, com a valorização do trabalho, com a livre iniciativa e com o direito à concorrência em favor do mercado, que é patrimônio nacional do Brasil, uma vez que ajustado à sua função social.

Inclusive, esse ponto foi tema recentemente abordado pelo Exame de Ordem Unificado da Ordem dos Advogados do Brasil, em 17 de outubro de 2021, visto que, assim como os diversos autores apontados na introdução do Capítulo 1, lançou luz sobre esse fenômeno: "A era digital vem revolucionando o Direito, que busca se adequar aos mais diversos canais de realização da vida inserida ou tangenciada por elementos virtuais.

---

124 Três foram os objetivos da Tese de Láurea: i) delinear os contornos jurídicos da soberania no Estado democrático de direito brasileiro no século XXI, isto é, analisar o conceito e os atributos do instituto, bem como saber se sofreram mutações e/ou adequações a partir da massificação de informações e comunicações na era digital, sob o recorte das redes sociais; ii) discernir qual o grau de conformidade das práticas comuns de autocontrole e autorregulamentação desses aplicativos e dos seus contratos jurídicos de adesão, frente à soberania do Brasil em seus aspectos formais e materiais; iii) compreender como a soberania do Estado democrático de direito brasileiro é resguardada pelo órgão de cúpula do Poder Judiciário, em tempos de grande protagonismo de uso das redes sociais nos assuntos da República.

Nesse cenário, consagram-se avanços normativos a fim de atender às situações jurídicas que se apresentam [...]".[125]

Entretanto, como alguns fatos representam a imposição de um desafio ilegítimo à soberania do Estado democrático de direito, posto que antidemocráticos e, por conseguinte, inconstitucionais, esta obra buscou melhor compreendê-los sob o recorte do ambiente ou território virtual dominado pelas redes sociais nos últimos anos, o chamado "concerto digital".

Como exemplo, foram citadas, dentre outras, as seguintes evidências: i) a realização de experimento tecnológico, não informado e não consentido, com os usuários do Facebook, em 2010, realizado pela própria rede social, em meio às eleições congressuais nos EUA, com o objetivo de justamente aferir a capacidade de influência da sua arquitetura de códigos no comportamento daqueles eleitores; ii) a busca dos aplicativos pelo superávit comportamental das suas cidadãs e cidadãos aderidos, capturado pelo engenhoso mecanismo técnico das redes (poder instrumentário), similar às "teletelas" da ficção distópica de George Orwell em *1984*, mas que, por outro lado, possuem grau de vigilância inédito sobre populações inteiras de muitos países, assim como capacidade de condicionamento comportamental massificado e velado; e iii) estudo de caso sobre contrato de adesão do Facebook, que revelou cláusulas imprecisas e termos nebulosos; atividades contraditórias de exclusão de contas com fundamentação genérica e sem notificação ou oportunidade de defesa, ao mesmo tempo que mantém outras diretamente ligadas à propagação de mentiras, cujos conteúdos engajam mais; e brechas perpassadas pela teoria de autorregulamentação da rede, a qual nega, principalmente, a soberania dos Estados.

Como se viu, a soberania é, a partir de dois aspectos, um político e outro jurídico, "[...] o poder que tem um povo ou uma nação de organizar-se em Estado, estabelecendo, de forma originária e exclusiva, o seu direito",[126] assim como "corresponde ao poder originário e exclusivo do Estado, enquanto pessoa moral, 'de declarar e assegurar, por meios próprios,

---

125 OAB. XXXIII Exame de Ordem Unificado. Realização Fundação Getulio Vargas. 17 de outubro de 2021. Caderno prova de questões do Tipo 4 – AZUL: questão de número quarenta e cinco (45). Disponível em: https://oab.fgv.br/NovoSec.aspx?key=ZFguMblfv2o=&codSec=5149. Acesso em: 17 out. 2021.

126 LEWANDOWSKI, 2004, p. 235.

a positividade de seu direito e de resolver, em última instância, sobre a validade de todos os ordenamentos internos.'"[127] Seus atributos são: a unidade, a indivisibilidade, a inalienabilidade e a imprescritibilidade.

Assim, com base no entendimento constitucional do direito à liberdade de expressão responsável, bem como nas principais legislações pertinentes à internet, e tendo esse conceito de soberania como paradigma principal, passou-se em revista as principais condutas fáticas das redes sociais, reveladoras de suas vontades reais, em termos formais e, principalmente, materiais ou práticos.

A partir desses pilares, o terceiro capítulo, analítico, buscou compreender o que são as notícias fabricadas ou falsas, disseminadas em massa por meios das redes sociais e aplicativos, tantas vezes direcionadas ao abalo das instituições democráticas, como foi o caso do Inquérito 4.781 no Supremo Tribunal Federal, em tempos de recrudescimento do discurso autoritário no país.

Portanto, frente ao primeiro objetivo da tese, conclui-se que os contornos jurídicos da soberania no século XXI seguem sendo aqueles mesmos que se consolidaram da passagem do Estado de direito ao Estado democrático de direito, inclusive no Brasil, sob a égide da Constituição de 1988. Mas a soberania, embora não tenha sofrido nenhuma mutação em suas bases estruturais, com o advento da superespecialização da globalização, que levou ao surgimento da internet – que, por sua vez, desaguou nas redes sociais –, viu-se obrigada a se adequar contextualmente ao que se compreende por território ampliado, em respeito ao seu atributo de **unidade**.[128]

Não se pode deixar prosperar a tese de que o espaço digital seria um *locus naturalis* separado de um ou de todos os Estados, pois essa seria uma inverdade fática e histórica, uma vez que, como *locus artificialis* que é, apenas representa uma das projeções do Estado e das relações internacionais entre diferentes Estados. Caso contrário, o espaço digital negaria os fundamentos do pacto westphaliano que regem os Estados, principalmente aquele que estabelece que em um determinado território vige a ordem jurídica imposta pelo seu soberano, razão pela qual não pode haver dois ou mais soberanos em um mesmo espaço, o que equivaleria ao impedimento

---

127 REALE, 1984 apud op. cit.

128 Ver Capítulo 1.

da vigência do ordenamento jurídico brasileiro em uma de suas partes, a do concerto digital, na qual se incluem as suas redes físicas e virtuais de internet, o exercício da liberdade de expressão dos seus cidadãos, assim como a sua prestação de serviços públicos, dentre eles, o indelével direito de acesso à justiça, cujas normas e jurisdição não podem ser afastadas do território virtual nem da tutela dos fatos juridicamente relevantes ali ocorridos.

Já com relação ao segundo objetivo da tese, sobretudo com base no estudo de caso do Facebook, conclui-se que há um grau de conformidade escrita das redes sociais, isto é, os negócios jurídicos da espécie "contrato de adesão" estão formalmente conformes à dicção constitucional de soberania, pois a sua jurisdição se submete expressamente a ela. Entretanto, quanto à conformidade material, não se pode concluir o mesmo, já que experimentos como o do Facebook representam um desafio aos direitos fundamentais, inclusive uma ameaça à regularidade do processo democrático. Veja-se, como exemplo, as inúmeras investigações a respeito da malversação das redes sociais e de seus aplicativos no âmbito do Tribunal Superior Eleitoral, que são de conhecimento geral.

Como se não bastasse, as práticas comuns de autocontrole e autorregulamentação sustentadas direta ou indiretamente pelas redes sociais não se submetem a nenhuma sanção de direito de nenhuma soberania, como se fossem capazes de ferir o atributo da **indivisibilidade** ao requererem, para si, a reserva de poder resolver, em última instância, na sua esfera de atuação fática – sob o argumento de inevitabilidade tecnológica ou de estado de natureza de seus códigos.

As redes sociais repassam a responsabilidade do que ocorre em seus domínios exclusivamente aos seus usuários, e não aos próprios códigos que fomentam a disseminação de teorias de conspiração ou mentiras, cujo engajamento é sete vezes maior que a circulação de notícias verificadas ou fidedignas – ou seja, a circulação de notícias fabricadas é interessante para atrair mais usuários e com mais frequência às suas quadras, o que é fundamental para a produção de mais dados. Da mesma forma, as redes sequer se submetem às regulamentações de experimentos científicos que prezam pela contenção de danos físicos e psicológicos de seus usuários.[129]

---

129 Ver Capítulo 2.

Ademais, a autorregulamentação – caracterizada pela ideia de deliberação ética própria do ciberespaço, fruto de um imaginado pacto social entre seus usuários – fere o atributo de **inalienabilidade** da soberania ao pretender criar uma "democracia paralela", que não é capaz de substituir com legitimidade o poder coercitivo do Estado na resolução, em última instância, das questões fundamentais das suas sociedades digitais, pois não há somente aqueles casos em que os fatos típicos de injusto são espécies eminentemente digitais (lei dos crimes cibernéticos),[130] já que também, muitas vezes, seus efeitos ocorrem na parte *off-line* dessas comunidades.

Assim, não há extraterritorialidade do concerto digital que seja capaz de reivindicar, para si, também o mundo físico, ainda que determinadas condutas comecem no mundo *on-line*, a exemplo do experimento manejado pelo Facebook nas eleições congressuais estadunidenses de 2010, que, mesmo ocorrendo no *feed* de notícias do aplicativo, foi capaz de levar milhares de pessoas a mais às votações, alterando a espontaneidade necessária ao processo eleitoral, sem que sequer as pessoas soubessem que haviam sido submetidas a gatilhos mentais que influenciaram sua autonomia da vontade. De forma similar, sucedeu-se também o caso do Cambridge Analytica,[131] em 2016, e, mais recentemente, o escândalo em que orbita o "Facebook *papers*",[132] uma das muitas constatações de uma investigação conduzida por um consórcio de jornalistas que vão ao encontro da tese deste livro.

Por fim, a respeito do terceiro objetivo desta obra, conclui-se que a soberania, mesmo diante dos modernos desafios ao Estado democrático de direito brasileiro, é resguardada com êxito pelo órgão de cúpula do Poder Judiciário, não apenas em sua atividade judicante, via controles difuso e concentrado, como se observou com os acórdãos colacionados da Suprema Corte sobre o instituto jurídico, mas também quando provocado pela realidade desafiadora que busca a instabilidade institucional do Estado, inclusive da própria corte, dentre outros meios criminosos, com a disseminação das *fake news* via internet, em tempos de grande protagonismo

---

130 Cf. BRASIL, 2012.

131 Cf. BBC, 2018.

132 Cf. MAC; FRENKEL, 2021.

do uso das redes sociais nos assuntos da República, como se observou na análise das decisões que orbitaram o Inquérito 4.781.

Em nenhum momento, por outro lado, os votos se referiram expressamente ao novel termo "soberania digital", embora o ministro Ricardo Lewandowski, na medida cautelar na ADPF 572, ficou praticamente em vias de fazê-lo, ao confrontar a tese que sustentava a literalidade dos termos "sede" e "dependências" do STF, depreendidos do art. 43 do RISTF, em favor da compreensão do espectro digital do território da Corte, sem olvidar que os ministros "[...] exercem jurisdição em todo o território nacional, e o que fazem, cada vez mais, longe dos respectivos gabinetes e plenários da Casa [...]".[133]

Ainda assim, é possível inferir, de todas as manifestações judiciais do Supremo ocorridas desde a Portaria GP n. 19, a materialidade da espécie digital da soberania, ainda que não se encontre formalmente dita, pois estão condizentes e à altura do desafio posto no concerto digital ao Estado, à democracia e à atividade judiciária independente e soberana, nos limites da Constituição da República.

Por isso, a última palavra nesse espectro da sociedade não há como não ser das instituições que presentam o Estado, porque é seu dever constitucional garantir e promover, com responsabilidade, os direitos fundamentais e humanos também na seara digital, no que se incluem: proteger a democracia, o governo das leis, a formação livre das vontades – inclusive da vontade política –, bem como a autodeterminação das suas cidadãs e cidadãos, cuja expressão é a base da autoridade política da soberania.

Nessa frente, em agosto de 2018, Lucas Borges de Carvalho (professor substituto da Universidade de Brasília [UnB], Doutor em Direito pela mesma universidade, Mestre em Direito pela Universidade Federal de Santa Catarina (UFSC) e Procurador Federal da Advocacia-Geral da União), publicou, na *Revista Brasileira de Direito*, um artigo inédito a respeito da soberania digital, com o seguinte título: "Soberania digital: legitimidade e eficácia da aplicação da lei na internet".[134]

Seu artigo, em resumo, buscou responder como seria possível garantir, legitimamente, o cumprimento efetivo das leis e das decisões judiciais no

---

133 BRASIL, 2020(b), p. 26.
134 CARVALHO, 2018.

ambiente digital. Para tanto, a partir dessa questão e da análise de casos recentes na jurisprudência internacional, o texto apresentou critérios de legitimidade que poderiam orientar o processo de tomada de decisão e, assim, conferir um grau razoável de previsibilidade e objetividade à atuação reguladora das autoridades estatais no âmbito da internet e do concerto digital.

O artigo foi de tal envergadura doutrinária que se tornou a principal tese a lastrear o acórdão do Superior Tribunal de Justiça no Recurso Especial n. 1.745.657 - SP (2018/0062504-5),[135] em relevante voto da ministra relatora, a excelentíssima senhora Nancy Andrighi, que não apenas empregou expressamente o termo referente à espécie digital da soberania, como também deu interpretações ao artigo 11 do Marco Civil da Internet e ao art. 13 do Decreto-lei n. 4.657/1942 (Lei de Introdução às Normas do Direito Brasileiro – LINDB), condizentes com a materialidade do exercício da soberania digital.

Naquele caso, em apertada síntese, os recorridos, quando inauguraram a lide no primeiro grau, haviam pedido ao juízo que a recorrente (Microsoft Informática Ltda.) fornecesse os registros de acesso do titular do endereço de *e-mail* macarena05@outlook.com, utilizado para a veiculação de ofensas e ameaças contra si. Sucumbente no primeiro e no segundo graus, a recorrente não cumprira as determinações legais dos juízos, por entender que incorreria em violação às leis estadunidenses, argumento que reiterou diante do Superior Tribunal. Em acréscimo, sustentou a incompetência da jurisdição brasileira para a determinação de fornecimento dos dados solicitados pelos recorridos. Ademais, a recorrente afirmou que as ameaças foram escritas em inglês, que o endereço eletrônico foi acessado no estrangeiro e que o provedor de conexão também se localizava fora do Brasil, ou seja, mais um claro exemplo da desconformidade prática dos aplicativos de internet em respeito à soberania do Estado democrático de direito brasileiro.

Entretanto, em denso voto da relatora, o qual lastreou o acórdão, essas teses foram enfrentadas com fundamento na soberania digital, sendo reafirmada a pertinência da jurisdição nacional e a aplicação da legislação brasileira ao caso, com a seguinte solar ementa:

---

135 Cf. BRASIL, 2020(c).

RECURSO ESPECIAL. **INTERNET.** JURISDIÇÃO. **SOBERANIA DIGI-TAL.** PREQUESTIONAMENTO. AUSÊNCIA. MARCO CIVIL DA INTERNET. ALCANCE. APLICAÇÃO DA LEGISLAÇÃO BRASILEIRA. PERTINÊNCIA DA JURISDIÇÃO NACIONAL. 1. Agravo de instrumento interposto em 29/08/2016, recurso especial interposto em 11/01/2017 e atribuído a este gabinete em 02/05/2018. 2. O propósito recursal consiste em determinar a competência do Poder Judiciário Brasileiro para a determinação do fornecimento de registros de acesso de endereço de e-mail, localizado em nome de domínio genérico ".com". 3. **Em conflitos transfronteiriços na internet,** a autoridade responsável deve atuar de forma prudente, cautelosa e autorrestritiva, **reconhecendo que a territorialidade da jurisdição permanece sendo a regra,** cuja exceção somente pode ser admitida quando atendidos, cumulativamente, os seguintes critérios: (i) fortes razões jurídicas de mérito, baseadas no direito local e internacional; (ii) proporcionalidade entre a medida e o fim almejado; e (iii) observância dos procedimentos previstos nas leis locais e internacionais. 4. **Quando a alegada atividade ilícita tiver sido praticada pela internet, independentemente de foro previsto no contrato de prestação de serviço, ainda que no exterior, é competente a autoridade judiciária brasileira caso acionada para dirimir o conflito, pois aqui tem domicílio a autora e é o local onde houve acesso ao sítio eletrônico onde a informação foi veiculada, interpretando-se como ato praticado no Brasil.** Precedente. 5. É um equívoco imaginar que qualquer aplicação hospedada fora do Brasil não possa ser alcançada pela jurisdição nacional ou que as leis brasileiras não sejam aplicáveis às suas atividades. 6. **Tem-se a aplicação da lei brasileira sempre que qualquer operação de coleta, armazenamento, guarda e tratamento de registros, de dados pessoais ou de comunicações por provedores de conexão e de aplicações de internet** ocorra em território nacional, mesmo que apenas um dos dispositivos da comunicação esteja no Brasil e mesmo que as atividades sejam feitas por empresa com sede no estrangeiro. 7. Recurso especial parcialmente conhecido e, nessa parte, desprovido. (grifo nosso)

Assim, embora o artigo do professor Lucas Borges de Carvalho sustente que a soberania digital deveria ser entendida como a atuação reguladora dos Estados nacionais no ambiente transfronteiriço da internet – em parcial desacordo com o que neste livro, haja vista que o ambiente digital tem uma projeção transfronteiriça tanto quanto tem uma projeção interna, as quais se ladeiam, e não apenas uma natureza internacional *per se* –, sua contribuição acadêmica mais significativa foi ter fixado importantes critérios de legitimidade, razoabilidade e proporcionalidade para o exercício da soberania digital, pautados na permanência da territorialidade da jurisdição como regra, o que vai ao encontro do sustentado nesta obra quanto à adequação sofrida pelos atributos da *summa potestas* diante dos desafios colocados no âmbito do concerto digital ao Estado democrático de direito brasileiro no século XXI.

Essas conclusões não são triviais. Logo, a compreensão e a aplicação material da soberania digital representaram um acréscimo de conhecimento ao pensamento jurídico: em primeiro lugar, porque foram capazes de munir seus estudiosos de melhores ferramentas para o enfrentamento de um sem-número de casos novos ocorridos em um mundo cada vez mais digitalizado (a exemplo do que ocorreu com a pandemia da Covid-19 em termos de virtualização das atividades), que se avolumam na prestação judicial. Em segundo lugar, porque colaboraram para a identificação do principal desafio atual posto à soberania, aquele de potencial erosivo da sua autoridade política, contrário à diversidade cultural e ao pluralismo de opiniões e crenças, "cuja preservação constitui condição de sobrevivência da própria democracia".[136]

Esse alerta ganhou novo destaque na imprensa internacional no mês de outubro de 2021, por ter sido dado pela ex-gerente de integridade cívica do Facebook, a senhora Frances Haugen, que acusou sua antiga empregadora de representar uma ameaça às democracias do mundo, ser um perigo à saúde de crianças e adolescentes, estar sob o comando de uma só pessoa e ser utilizada de modo pouco controlado como mecanismo de espionagem dos EUA.[137] Tais apontamentos, ocorridos em meio ao escândalo "Facebook *papers*", representam o clímax das acusações contra a empresa, figurando como uma das principais razões que motivaram a companhia a decidir mudar seu o nome e identidade visual recentemente para "Meta",

---

136 LEMPEM, 1999 apud LEWANDOWSKI, 2004, p. 107-108.

137 Cf. SANTANA, 2021.

no lugar do antigo nome Facebook, que, entretanto, seguirá sendo o nome da rede social.[138]

Para ela, tornar a empresa e seus aplicativos Facebook, Instagram e WhatsApp mais seguros significaria a obtenção de menores lucros pelo grupo econômico, o que não seria de interesse dessa pessoa moral. Assim, essas acusações vão ao encontro das evidências colacionadas sobretudo no Capítulo 2, depreendidas da obra de Shoshana Zuboff, bem como se somam a uma das conclusões apresentadas neste livro: a de que a autorregulamentação promovida pelos atores digitais interessa financeiramente aos oligopolizados proprietários das redes sociais, em desfavor das cidadãs e cidadãos aderidos às plataformas digitais de comunicação de massa, o que fragiliza a ordem jurídica única em um mesmo território e a tutela dos direitos fundamentais sob o governo das leis e da democracia. Por essa razão, reiteram a pertinência do recorte temático do presente livro: "A soberania do Estado democrático de direito brasileiro no concerto digital das redes sociais no século XXI: liberdade de expressão, autorregulamentação e notícias falsas".

Oportunamente, Frances Haugen sugeriu, em seu depoimento-denúncia no Congresso de seu país, dentre outras recomendações, que o grupo Facebook: i) seja mais transparente sobre como funcionam seus códigos e algoritmos; ii) seja submetido à regulamentação e/ou a agências reguladoras; iii) que mais pesquisas sérias sejam realizadas para aferir quais são e em que grau há efeitos nocivos de determinadas implementações na tecnologia. De todas elas, destaca-se a segunda sugestão, justamente porque está diretamente ligada a uma das competências do exercício da soberania, que é a matéria *de lege lata* e *de lege ferenda*.

Encaminhando-se para o desfecho, nesse ponto, rememora-se as quatro correntes teóricas apresentadas por Marcel Leonardi, em *Fundamentos do direito digital*, que debatem a possibilidade de regulação ou não das redes: 1) autorregulação: amplamente debatida; 2) direito do ciberespaço: poderia ser sintetizada como aquele direito separado do convencional, que utiliza o mecanismo internacional de tratados para se originar e, depois, declarar--se ramo separado; 3) analogia: corrente que privilegia o direito tradicional e o já produzido nessa seara em termos de legislação e jurisprudência; e

---

138 BERNARDO, 2021.

4) teoria mista: doutrina da conciliação entre sistema jurídico e arquitetura da internet.

Nessa linha, a quarta corrente[139] representa a melhor exteriorização teórica do exercício da soberania digital à luz da gramática de direitos fundamentais da Constituição da República. Isso ocorre porque o controle da dimensão fática, representado pela arquitetura tecnológica, ao mesmo tempo que precisa respeitar a viabilidade interna – tecnológica, mercadológica e de relativa autonomia dos entes privados na sua autodeterminação de negócios lícitos –, também deve observar os direitos fundamentais das pessoas físicas, seus usuários. Todos os direitos devem ser viabilizados por um modelo de regulação que efetivamente tenha impacto sobre as relações mantidas no âmbito do concerto digital.

Assim, a teoria mista da doutrina da conciliação entre sistema jurídico e arquitetura da internet, se adotada pelas instituições no exercício da soberania digital, deve garantir a produção e o constante aperfeiçoamento legal e regulamentar de uma arquitetura de controle democrático do concerto digital, que induza implementações técnicas a serem realizadas pelas redes sociais, plataformas e aplicativos, os quais, por meio de seus códigos e algoritmos, devem adequar seus espaços digitais à conformidade de um ambiente favorável e equilibrado, sem nenhum controle apriorístico, com promoção: A) da liberdade de expressão responsável; B) da liberdade de imprensa, com a possibilidade de publicação e circulação de notícias verificadas; C) da neutralidade das redes; D) do contraditório, com notificação aos usuários e com fundamentação quanto aos motivos para a desativação de conta e de conteúdo(s); E) da cooperação entre empresas, imprensa, cidadãos e Estado, tal como fez o Tribunal Superior Eleitoral ao assinar parceria com o Facebook Brasil e o WhatsApp Inc. para combater a desinformação nas eleições de 2020, cujo documento **previu uma série de ações a serem desenvolvidas pelas plataformas**.[140] Ao mesmo tempo, a arquitetura de controle democrático do concerto digital, deverá inviabilizar, dentre outros:

I) o anonimato absoluto dos usuários;

---

139 LEONARDI, 2019, p. 37 et seq.

140 Cf. BRASIL, 2020(d).

II) a manutenção de contas falsas ou robotizadas sob qualquer pretexto inidôneo;

III) a espionagem de qualquer natureza;

IV) a influência ou massificação de comportamentos sem manifestação de anuência dos usuários;

V) a manipulação de eleições ou a interferência em processos democráticos;

VI) a desinformação;

VII) a ocorrência de experimentos sem nenhuma espécie de supervisão ou autorização por um terceiro imparcial, fora das regras aplicáveis, e sem o consentimento dos interessados;

VIII) a ocorrência de crimes cibernéticos ou por meio da internet.

Portanto, a soberania digital é o exercício do poder originário e exclusivo do Estado democrático de direito de declarar e assegurar, por meios próprios, a positividade de seu direito no concerto digital e de resolver, em última instância, também na projeção de seu território virtual, questões sobre a validade de seu ordenamento interno. Ela é uma subespécie da soberania material, que, no atual contexto histórico, reivindica seu reconhecimento formal na era digital, isto é, a sua racionalização jurídica do poder, no sentido da transformação do poder de fato das redes em poder de direito.

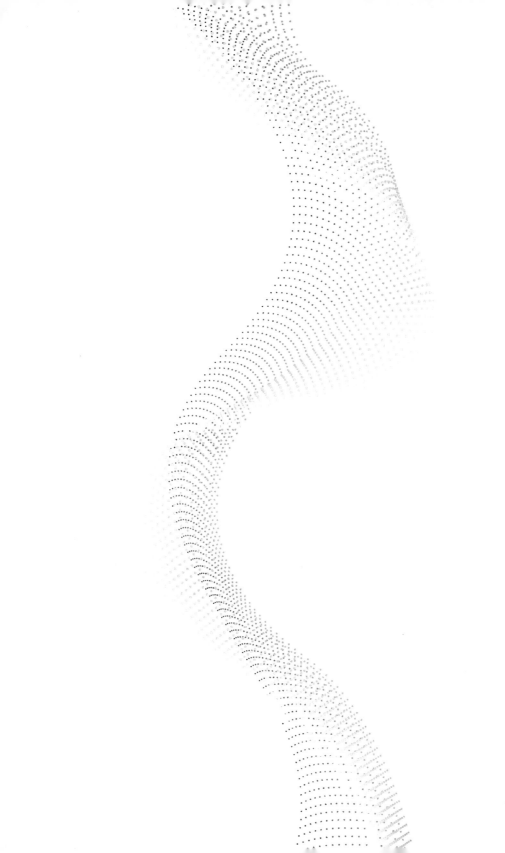

REFERÊNCIAS

ALEMANHA. Tribunal Constitucional Alemão. Acórdão sobre Lei Geral do Censo. Dezembro de 1983.

ANDRADE, Carlos Drummond de. Consideração do poema. *In:* _____. **A rosa do povo**. 11. ed. Rio de Janeiro: Record, 1991.

AZEVEDO, Antônio Junqueira de. **Negócio jurídico:** existência, validade e eficácia. 4. ed. São Paulo: Saraiva, 2002. Atual. De acordo com o novo Código Civil, 2002.

BARLOW, John Perry. **Declaração de independência do ciberespaço**. Davos, Suíça, 08 de fevereiro de 1996. Disponível em: https://www.eff.org/pt-br/cyberspace-independence. Acesso em: 18 ago. 2021.

BBC. Entenda o escândalo de uso político de dados que derrubou valor do Facebook e o colocou na mira das autoridades. **BBC News Brasil**, 20 mar. 2018. Disponível em: https://g1.globo.com/economia/tecnologia/noticia/entenda-o-escandalo-de-uso-politico-de-dados-que-derrubou-valor-do-facebook-e-o-colocou-na-mira-de-autoridades.ghtml. Acesso em: 03 set. 2021.

BERCOVICI, Gilberto. **Constituição econômica e desenvolvimento:** uma leitura a partir da Constituição de 1988. São Paulo: Malheiros, 2005.

BERNARDO, Kaluan. Facebook muda nome para meta. **CNN Brasil**, 28 out. 2021. Disponível em: https://www.cnnbrasil.com.br/tecnologia/facebook-muda-nome-para-meta/. Acesso em: 25 mar. 2022.

BOBBIO, Noberto. **Dicionário de política**. 13. ed. Brasília: editora da UnB, 2016. v. 1 e v. 2.

BOND, Robert M. et al. A 61-million-person experiment in social influence and political mobilization. **Nature**, v. 489, n. 7415, p. 295-298. 2012.

BRASIL. **Constituição da República Federativa do Brasil de 1988**. Brasília, DF: Casa Civil, 5 out. 1988. Disponível em: http://www.planalto.gov.br/ccivil_03/Constituicao/Constituicao.htm. Acesso em: 02 set. 2021.

BRASIL. **Lei n. 7.170**, de 14 de dezembro de 1983. Define crimes contra a segurança nacional, a ordem política e social, estabelece seu processo e julgamento e dá outras providências. Revogada pela Lei n. 14.197, de 2021. Disponível em: http://www.planalto.gov.br/ccivil_03/leis/l7170.htm. Acesso em: 25 mar. 2022.

BRASIL. **Lei n. 12.737**, de 30 de novembro de 2012. Dispõe sobre a tipificação criminal de delitos informáticos; altera o Decreto-Lei n. 2.848, de 7 de dezembro de 1940 – Código Penal e dá outras providências. Disponível em: http://www.planalto.gov.br/ccivil_03/_ato2011-2014/2012/lei/l12737.htm. Acesso em: 25 mar. 2022.

BRASIL. **Lei n. 12.965**, de 23 de abril de 2014. Marco Civil da Internet. Estabelece princípios, garantias, direitos e deveres para o uso da Internet no Brasil. Caput do artigo 2º. Disponível em: http://www.planalto.gov.br/ccivil_03/_ato2011-2014/2014/lei/l12965.htm. Acesso em: 21 dez. 2020.

BRASIL. **Lei n. 13.709**, de 14 de agosto de 2018. Lei Geral de Proteção de Dados (LGPD). Inciso II do art. 2º. Disponível em: http://www.planalto.gov.br/ccivil_03/_ato2015-2018/2018/lei/l13709.htm. Acesso em: 25 mar. 2022.

BRASIL. **Lei n. 14.132**, de 31 de março de 2021. Acrescenta o art. 147-A ao Decreto--Lei n. 2.848, de 7 de dezembro de 1940 (Código Penal), para prever o crime de perseguição; e revoga o art. 65 do Decreto-Lei n. 3.688, de 3 de outubro de 1941 (Lei das Contravenções Penais). Disponível em: http://www.planalto.gov.br/ccivil_03/_ato2019-2022/2021/lei/L14132.htm. Acesso em: 25 mar. 2022.

BRASIL. Supremo Tribunal de Justiça. Terceira Turma. **REsp n. 1.745.657 – SP (2018/0062504-5)**. Relatora: Ministra Nancy Andrighi. São Paulo, 03 nov. 2020(c). Disponível em: https://stj.jusbrasil.com.br/jurisprudencia/1206258138/recurso-especial-resp-1745657-sp-2018-0062504-5/inteiro-teor-1206258149. Acesso em: 25 mar. 2022.

BRASIL. Supremo Tribunal Federal. **A Constituição e o Supremo.** Dos princípios fundamentais. Disponível em: http://www.stf.jus.br/portal/constituicao/constituicao.asp#3. Acesso em: 17 dez. 2020.

BRASIL. Supremo Tribunal Federal. **Inquérito 4.781.** Decisão. Relator: Ministro Alexandre de Moraes. Brasília, 26 mai. 2020(a). Disponível em: https://www.conjur.com.br/dl/inq-4781.pdf. Acesso em: 25 mar. 2022.

BRASIL. Supremo Tribunal Federal. **Petição Inicial da Rede Sustentabilidade na Arguição de Descumprimento de Preceito Fundamental (ADPF) 572/DF.** Brasília, 29 mai. 2020. Disponível em: https://static.poder360.com.br/2020/05/peticao-rede-stf.pdf. Acesso em: 25 mar. 2022.

BRASIL. Supremo Tribunal Federal. Plenário. **ADPF 572/DF.** Relator: Ministro Edson Fachin. Brasília, 18 jun. 2020(b). Voto do Ministro Ricardo Lewandowski, 17.06.2020. Disponível em: https://www.internetlab.org.br/wp-content/uploads/2021/04/paginador.jsp-8.pdf. Acesso em: 25 mar. 2022.

BRASIL. Supremo Tribunal Federal. Tribunal Pleno. **Ação Direta de Inconstitucionalidade 1.950/SP.** Relator: Ministro Eros Grau. Brasília, 03 nov. 2005. Disponível em: http://www.stf.jus.br/portal/constituicao/constituicao.asp#1664. Acesso em: 17 dez. 2020.

BRASIL. Supremo Tribunal Federal. Tribunal Pleno. **ADPF 130/DF**. Relator: Ministro Carlos Britto. Brasília, 30 abr. 2009. Disponível em: https://redir.stf.jus.br/paginadorpub/paginador.jsp?docTP=AC&docID=605411. Acesso em: 25 mar. 2022.

BRASIL. Supremo Tribunal Federal. Tribunal Pleno. **ADI 4.451/DF**. Relator: Ministro Alexandre de Moraes. Brasília, 21 jun. 2018. Disponível em: https://redir.stf.jus.br/paginadorpub/paginador.jsp?docTP=TP&docID=749287337. Acesso em: 25 mar. 2022.

BRASIL. Supremo Tribunal Federal. Tribunal Pleno. **ADPF 187/DF**. Relator: Ministro Celso de Mello. Brasília, 15 jun. 2011. Disponível em: https://redir.stf.jus.br/paginadorpub/paginador.jsp?docTP=TP&docID=5956195. Acesso em: 25 mar. 2022.

BRASIL. Tribunal Superior Eleitoral. **TSE assina parceria com Facebook Brasil e WhatsApp Inc. para combate à desinformação nas eleições 2020**. Brasília, 30 set. 2020(d). Disponível em: https://www.tse.jus.br/imprensa/noticias-tse/2020/Setembro/tse-assina-parceria-com-facebook-brasil-e-whatsapp-inc-para-combate-a-desinformacao-nas-eleicoes-2020. Acesso em: 01 out. 2020.

CARVALHO, Lucas Borges de. Soberania digital: legitimidade e eficácia da aplicação da lei na internet. **Revista Brasileira de Direito**, Passo Fundo, v. 14, n. 2, p. 213-235, set. 2018. Disponível em: doi:https://doi.org/10.18256/2238-0604.2018.v4i2.2183. Acesso em: 19 mar. 2021.

CASTELLS, Manuel. **A sociedade em rede**. v. 1. São Paulo: Paz e Terra, 1999.

CODERCH, Pablo Salvador. **El derecho de la libertad**. Madrid: Centro de Estudios Constitucionales, 1993.

CUNNINGHAM, Lilian. Google's Eric Schmidt expounds on his Senate testimony. **The Washington Post**, 01 out. 2011. Disponível em: https://www.washingtonpost.com/national/on-leadership/googles-eric-schmidt-expounds-on-his-senate-testimony/2011/09/30/gIQAPyVgCL_story.html. Acesso em: 30 set. 2021.

ESTADOS UNIDOS DA AMÉRICA. **Patriot Act., 2001**. Public Law 107–56. October 26, 2001. Uniting and strengthening America by providing appropriate tools required to interrupt and obstruct terrorism (USA Patriot AcT) Act of 2001. US Congress, 2001.

ESTADOS UNIDOS. Supreme Court of the United States. Janet Reno, Attorney General of the United States, et al. v. American Civil Liberties Union, et al. **[Reno v. American Civil Liberties Union 521 U.S. 844 (1997)]**. No. 96-511.

A law may violate the First Amendment if it is so overly broad that it curtails protected as well as unprotected speech [...]. Argued March 19, 1997. Decided June 26, 1997. 117 S. Ct. 2329, 138 L. ed. 2d 874, 1997.

ESTADOS UNIDOS. The White House. **Readout of President Joseph R. Biden, Jr. Call with President Vladimir Putin of Russia.** Washington D.C., April 13, 2021. Disponível em: https://www.whitehouse.gov/briefing-room/statements-releases/2021/04/13/readout-of-president-joseph-r-biden-jr-call-with-president-vladimir-putin-of-russia-4-13/. Acesso em: 25 mar. 2022.

FERREIRA FILHO, Manoel G. **Curso de direito constitucional.** 40. ed. São Paulo: Saraiva, 2015.

GALF, Renata. Projeto de Bolsonaro piora combate a fake news, e texto na Câmara ignora inação das redes. **Folha de S.Paulo**, São Paulo, 26 set. 2021. Disponível em: https://www1.folha.uol.com.br/poder/2021/09/projeto-de-bolsonaro-piora-combate-a-fake-news-e-texto-na-camara-nao-lida-com-inacao-das-redes.shtml. Acesso em: 27 set. 2021.

GOMES, Orlando. **Contratos.** 26. ed. Rio de Janeiro: Forense, 2007.

GRAU, Eros Roberto. **A ordem econômica na Constituição de 1988:** interpretação e crítica. 11. ed. São Paulo: Malheiros, 2006.

HISTÓRIA Online. Aula 6 – Internet e mundo digital do canal do youtube "História On-line". **Youtube, História Online.** Disponível em: https://www.youtube.com/c/Hist%C3%B3riaOnlineoficial. Acesso em: 16 abr. 2021, apenas para assinantes do canal.

LAFRANCE, Adrienne. Even the editor of facebook's mood study thought it was creepy. **The Atlantic**, 28 jun. 2014. Disponível em: https://www.theatlantic.com/technology/archive/2014/06/even-the-editor-of-facebooks-mood-study-thought-it-was-creepy/373649/. Acesso em: 29 set. 2021.

LEONARDI, Marcel. **Fundamentos de direito digital.** São Paulo: Thomson Reuters Brasil, 2019.

LEWANDOWSKI, Enrique Ricardo. **Globalização, regionalização e soberania.** São Paulo: Juarez de Oliveira, 2004.

MAC, Ryan; FRENKEL, Sheera. Internal alarm, public shrugs: Facebook's employees dissect its election role. **The New York Times,** New York, 22 out. 2021. Disponível em: https://www.nytimes.com/2021/10/22/technology/facebook-election-misinformation.html. Acesso em: 24 dez. 2021.

MENDES, Gilmar Ferreira; COELHO, Inocêncio Mártires; BRANCO, Paulo Gustavo Gonet. **Curso de Direito Constitucional.** São Paulo: Saraiva, 2007.

MORAES, Alexandre de. **Direito Constitucional**. 35. ed. São Paulo: Atlas, 2019.

MUNDO NEGRO. Influenciadora e ciberativista Triscila Oliveira tem perfil desativado pelo Instagram. **Mundo Negro**, 19 jul. 2021. Disponível em: https://mundonegro.inf.br/influenciadora-e-ciberativista-triscila-oliveira-tem-perfil-desativado-pelo-instagram/. Acesso em: 20 jul. 2021.

O DILEMA das redes. Direção de Jeff Orlowsi. Estados Unidos: Exposure Labs, Agent Pictures, The Space Program, 2020.

OAB – Ordem dos Advogados do Brasil. XXXIII Exame de Ordem Unificado. 1ª fase – Prova Objetiva. 17 de outubro de 2021. Caderno prova de questões do tipo 4 – AZUL. Questão 45. **OAB Online**, Fundação Getulio Vargas, 2021. Disponível em: https://oab.fgv.br/NovoSec.aspx?key=ZFguMblfv2o=&codS ec=5149. Acesso em: 29 mai. 2022.

OEA – Organização dos Estados Americanos. **Carta da Organização dos Estados Americanos (A-41)**. Bogotá: OEA, 1948. Disponível em: https://www.oas.org/dil/port/tratados_A-41_Carta_da_Organiza%C3%A7%C3%A3o_dos_Estados_Americanos.htm. Acesso em: 02 set. 2021.

ONU – Organização das Nações Unidas. **Carta das Nações Unidas**. Nova Iorque: ONU, 26 jun. 1945. Disponível em: https://unric.org/pt/wp-content/uploads/sites/9/2009/10/Carta-das-Nações-Unidas.pdf. Acesso em: 25 mar. 2022.

ORWELL, George. **1984**. Tradução de Alexandre Hubner e Heloisa Jahn. São Paulo: Companhia das Letras, 2009.

RANIERI, Nina. **Teoria do Estado**: do Estado de direito ao Estado democrático de direito. 2. ed. Barueri: Manole, 2019.

RUNCIMAN, David. **How democracy ends**. New Jersey: Princeton University Press, 2017.

RUNCIMAN, David. **The confidence trap** – a history of democracy in crisis from World War I to the present. Nova Jersey: Princeton University Press, 2018.

SANTANA, Lucas. Ex-Facebook no Senado: confira 5 acusações contra a empresa de Zuckerberg. **Uol.com.br**, 05 out. 2021. Disponível em: https://www.uol.com.br/tilt/noticias/redacao/2021/10/05/facebook-precisa-declarar-falencia-moral-diz-ex-diretora-no-senado-dos-eua.htm. Acesso em: 06 dez. 2021.

SARMENTO, Daniel. Comentários ao inciso IV do art. 5º. *In*: CANOTILHO, J. J. et al. (orgs.). **Comentários à Constituição do Brasil**. 2. ed. São Paulo: Saraiva Educação, 2018.

SILVA, José Afonso. **Curso de Direito Constitucional Positivo**. 9. ed. São Paulo: Malheiros, 1992.

SILVA, Victor Hugo. Facebook diz que número de contas falsas removidas caiu 23% em um ano. **G1.com**, 19 mai. 2021(a). Disponível em: https://g1.globo.com/economia/tecnologia/noticia/2021/05/19/facebook-diz-que-numero-de-contas-falsas-removidas-caiu-23percent-em-1-ano.ghtml. Acesso em: 25 ago. 2021.

SILVA, Virgílio A. **Direito Constitucional Brasileiro**. São Paulo: Editora da Universidade de São Paulo, 2021.

UNICEF – Fundo das Nações Unidas para a Infância. **Declaração universal dos direitos humanos**. [Originalmente publicada em: Paris: Assembleia Geral das Nações Unidas, 10 dez. 1948.] Disponível em: https://www.unicef.org/brazil/declaracao-universal-dos-direitos-humanos. Acesso em: 02 set. 2021.

VIEIRA, Douglas. Brasil é o 4º país com mais usuários no Facebook na quarentena. **Tecmundo**, 27 mai. 2020. Disponível em: https://www.tecmundo.com.br/redes-sociais/153570-brasil-4-pais-usuarios-facebook-quarentena.htm. Acesso em: 25 ago. 2021.

VITORIO, Tamires. Facebook fica mais perto de 3 bilhões de usuários ativos e receita cresce em 2020. **Exame**, 27 jan. 2021. Disponível em: https://exame.com/tecnologia/facebook-fica-mais-perto-de-3-bilhoes-de-usuarios-ativos-e-receita-cresce-em-2020/. Acesso em: 25 ago. 2021.

ZITTRAIN, Jonathan. Facebook could decide an election without anyone ever finding out. **New Republic**, 01 jan. 2014. Disponível em: https://www.newrepublic.com/article/117878/information-fiduciary-solution-facebook-digital-gerrymandering. Acesso em: 30 set. 2021.

ZUBOFF, Shoshana. **A era do capitalismo de vigilância:** a luta por um futuro humano na nova fronteira do poder. Tradução de George Schlesinger. Rio de Janeiro: Intrínseca, 2020.

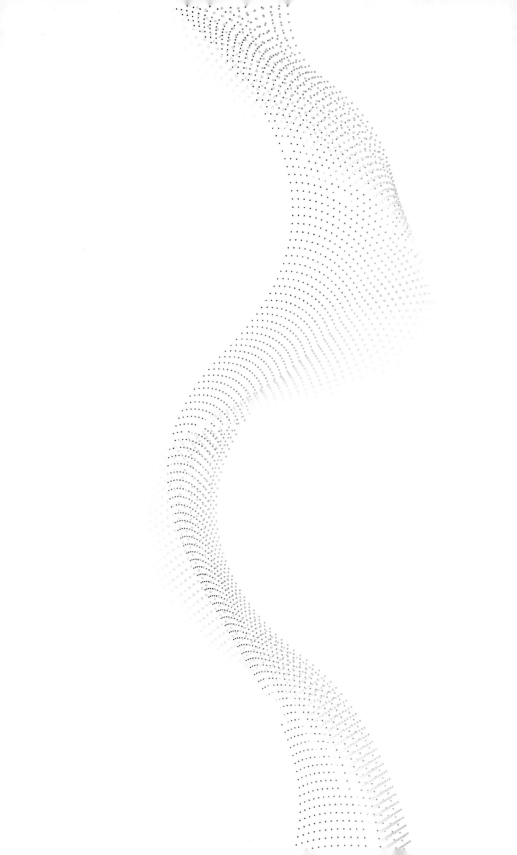

ANEXO A – CONTRATO DE ADESÃO DO FACEBOOK

25/08/2021 Facebook

Email ou telefone Senha

Cadastre-se Entrar

Esqueceu a conta?

1. Os serviços fornecidos

2. Como nossos serviços são financiados

3. Seu compromisso com o Facebook e com nossa comunidade

4. Disposições adicionais

5. Outros termos e políticas que podem se aplicar a você

Controles de Anúncios do Facebook

Noções Básicas de Privacidade

Política de Cookies

Política de Dados

Mais recursos

- Visualizar uma versão para impressão dos Termos de Serviço

Termos de Serviço

Bem-vindo(a) ao Facebook!

O Facebook cria tecnologias e serviços para que as pessoas possam se conectar umas às outras, criar comunidades e expandir seus negócios. Estes Termos regem seu uso do Facebook, Messenger e outros produtos, recursos, aplicativos, serviços, tecnologias e software que oferecemos (os Produtos do Facebook ou Produtos), exceto quando declaramos expressamente que outros termos (e não estes) se aplicam. Estes Produtos são fornecidos para você pelo Facebook, Inc.

Não cobramos pelo uso do Facebook ou de outros produtos e serviços cobertos por estes Termos. Em vez disso, empresas e organizações nos pagam para lhe mostrar anúncios de seus produtos e serviços. Quando você usa nossos Produtos, concorda que podemos mostrar anúncios que consideramos relevantes para você e seus interesses. Usamos seus dados pessoais para ajudar a determinar quais anúncios mostrar.

Não vendemos seus dados pessoais para anunciantes e não compartilhamos informações de identificação pessoal (como nome, endereço de email ou outras informações de contato) com os anunciantes, a menos que tenhamos sua permissão específica. Em vez disso, os anunciantes nos informam os tipos de público que desejam que vejam os anúncios, e nós mostramos esses anúncios para pessoas que podem estar interessadas. Oferecemos aos anunciantes relatórios sobre o desempenho dos anúncios para ajudá-los a entender como as pessoas estão interagindo com o conteúdo. Veja a Seção 2 abaixo para saber mais.

Nossa Política de Dados explica como coletamos e usamos seus dados pessoais para determinar alguns dos anúncios que serão exibidos e fornecer todos os outros serviços descritos abaixo. Você também pode ir para as suas Configurações a qualquer momento para analisar as escolhas de privacidade sobre como usamos seus dados.

Voltar ao topo

1. Os servicos fornecidos

https://pt-br.facebook.com/legal/terms

Facebook

Nossa missão é proporcionar às pessoas o poder de criar comunidades e aproximar o mundo. Para ajudar a promover essa missão, fornecemos os Produtos e serviços descritos abaixo para você:

Fornecer uma experiência personalizada para você:
Sua experiência no Facebook não se compara à de mais ninguém — desde publicações, stories, eventos, anúncios e outros conteúdos que você vê no Feed de Notícias ou em nossa plataforma de vídeo até as Páginas que você segue e outros recursos que pode usar, como a seção Em alta, o Marketplace e a pesquisa. Usamos os dados que temos (por exemplo, sobre as conexões que você faz, as escolhas e configurações que seleciona e o que compartilha e faz dentro e fora de nossos Produtos) para personalizar sua experiência.

Conectar você com as pessoas e organizações com as quais se importa:
Ajudamos você a encontrar e se conectar com pessoas, grupos, empresas, organizações e outras entidades de seu interesse nos Produtos do Facebook que você usa. Usamos os dados que temos para fazer sugestões para você e para outras pessoas; por exemplo, grupos dos quais participar, eventos para comparecer, Páginas para seguir ou para enviar uma mensagem, programas para assistir e pessoas que você talvez queira ter como amigas. Laços mais fortes ajudam a criar comunidades melhores, e acreditamos que nossos serviços são mais úteis quando as pessoas estão conectadas a pessoas, grupos e organizações que lhes sejam relevantes.

Permitir que você se expresse e fale sobre o que é importante para você:
Há muitas maneiras de se expressar no Facebook e de se comunicar com amigos, familiares e outras pessoas sobre o que é importante para você. Por exemplo, é possível compartilhar atualizações de status, fotos, vídeos e stories nos Produtos do Facebook que você usa, enviar mensagens a um amigo ou a diversas pessoas, criar eventos ou grupos, ou adicionar conteúdo a seu perfil. Também desenvolvemos e continuamos explorando novas formas de uso da tecnologia, como realidade aumentada e vídeo 360, para que as pessoas possam criar e compartilhar conteúdo mais expressivo e envolvente no Facebook.

Ajudar você a descobrir conteúdo, produtos e serviços que possam ser de seu interesse:
Exibimos anúncios, ofertas e outros tipos de conteúdo patrocinado para ajudar você a descobrir conteúdo, produtos e serviços oferecidos pelas várias empresas e organizações que usam o Facebook e outros Produtos do Facebook. A Seção 2 abaixo explica isso com mais detalhes.

Combater condutas prejudiciais, proteger e oferecer suporte para nossa comunidade:
As pessoas só criarão comunidades no Facebook se sentirem que estão seguras. Empregamos equipes dedicadas em todo o mundo e desenvolvemos sistemas técnicos avançados para detectar o uso inadequado de nossos Produtos, condutas prejudiciais contra outras pessoas e situações em que talvez possamos ajudar a apoiar ou proteger nossa comunidade. Se soubermos de conteúdos ou condutas como essas, tomaremos as medidas adequadas, como oferecer ajuda, remover conteúdo, remover ou bloquear o acesso a determinados recursos, desativar uma conta ou contatar autoridades. Compartilhamos dados com outras Empresas do Facebook quando detectamos o uso inadequado ou conduta prejudicial por parte de alguém que esteja

Facebook

usando um de nossos Produtos.

Usar e desenvolver tecnologias avançadas para fornecer serviços seguros e funcionais para todos:
Usamos e desenvolvemos tecnologias avançadas (como inteligência artificial, sistemas de aprendizado de máquina e realidade aumentada) para que as pessoas possam usar nossos Produtos com segurança, independentemente de capacidade física ou localização geográfica. Por exemplo, tecnologias como essas ajudam pessoas com deficiência visual a compreender o que ou quem está nas fotos ou vídeos compartilhados no Facebook ou no Instagram. Também criamos redes sofisticadas e tecnologias de comunicação para ajudar mais pessoas a se conectar à internet em áreas com acesso limitado. Além disso, desenvolvemos sistemas automatizados para melhorar nossa capacidade de detectar e remover atividades abusivas e perigosas que possam causar prejuízos à nossa comunidade e à integridade de nossos Produtos.

Pesquisar formas de melhorar nossos serviços:
Realizamos pesquisa para desenvolver, testar e melhorar nossos Produtos. Isso inclui a análise dos dados que temos sobre os nossos usuários e o entendimento de como as pessoas usam nossos Produtos, por exemplo, realizando pesquisas e testes, e resolvendo problemas de novos recursos. Nossa Política de Dados explica como usamos dados para embasar essa pesquisa com o propósito de desenvolver e melhorar nossos serviços.

Fornecer experiências consistentes e contínuas entre os Produtos das Empresas do Facebook:
Nossos produtos ajudam você a encontrar e se conectar com pessoas, grupos, empresas, organizações e outras entidades que sejam importantes para você. Criamos nossos sistemas para que sua experiência seja consistente e contínua entre os diferentes Produtos das Empresas do Facebook que você usa. Por exemplo, usamos dados sobre as pessoas com as quais você interage no Facebook para facilitar sua conexão com elas no Instagram ou no Messenger, e possibilitamos que você entre em contato com uma empresa que você segue no Facebook por meio do Messenger.

Possibilitar acesso global a nossos serviços:
para operar nosso serviço global, precisamos armazenar e distribuir conteúdo e dados em nossos data centers e sistemas em todo o mundo, inclusive fora de seu país de residência. Essa infraestrutura pode ser operada ou controlada pelo Facebook, Inc., Facebook Ireland Limited ou por suas afiliadas.

Voltar ao topo

2. Como nossos serviços são financiados

Em vez de pagar pelo uso do Facebook e de outros produtos e serviços que oferecemos, acessando os Produtos do Facebook cobertos por estes Termos, você concorda que podemos lhe mostrar anúncios que empresas e organizações nos pagam para promover dentro e fora dos Produtos das Empresas do Facebook.

Facebook

Usamos seus dados pessoais, como informações sobre suas atividades e interesses, para lhe mostrar anúncios mais relevantes.

A proteção da privacidade das pessoas é fundamental para a forma como concebemos o nosso sistema de anúncios. Isso significa que podemos lhe mostrar anúncios úteis e relevantes sem que os anunciantes saibam quem você é. Não vendemos suas informações pessoais. Permitimos que os anunciantes nos informem suas metas comerciais e o tipo de público que desejam alcançar com o anúncio (por exemplo, pessoas entre 18 e 35 anos que gostam de ciclismo). Então, mostramos o anúncio para pessoas que podem estar interessadas.

Também oferecemos aos anunciantes relatórios sobre o desempenho dos anúncios para ajudá-los a entender como as pessoas estão interagindo com o conteúdo dentro e fora do Facebook. Por exemplo, fornecemos dados demográficos gerais e informações sobre interesses aos anunciantes (como a informação de que um anúncio foi visto por uma mulher com idade entre 25 e 34 anos que mora em Madri e gosta de engenharia de software) para ajudá-los a entender melhor o público deles. Não compartilhamos informações que identifiquem você diretamente (como seu nome ou endereço de email, que alguém poderia usar para entrar em contato com você ou identificar quem você é), a menos que você nos dê permissão específica. Saiba mais sobre como os anúncios do Facebook funcionam aqui.

Coletamos e usamos seus dados pessoais a fim de fornecer os serviços descritos acima para você. Saiba mais sobre como coletamos e usamos seus dados em nossa Política de Dados. Você tem controle sobre os tipos de anúncios e anunciantes que vê, bem como sobre os tipos de informações usadas por nós para determinar quais anúncios mostraremos para você. Saiba mais.

Voltar ao topo

3. Seu compromisso com o Facebook e com nossa comunidade

Fornecemos estes serviços para você e para outras pessoas a fim de ajudar a promover nossa missão. Em troca, precisamos que você assuma os seguintes compromissos:

1. Quem pode usar o Facebook
Quando as pessoas se responsabilizam pelas próprias opiniões e ações, nossa comunidade se torna mais segura e responsável. Por isso, você deve:

- Usar o mesmo nome que usa em sua vida cotidiana.

- Fornecer informações precisas sobre você.

- Criar somente uma conta (sua própria) e usar sua linha do tempo para fins pessoais.

- Abster-se de compartilhar sua senha, dar acesso à sua conta do Facebook a terceiros ou transferir sua conta para outra pessoa (sem nossa permissão).

Tentamos fazer com que o Facebook esteja amplamente disponível para todos, mas você não poderá usá-lo se:

- Você for menor de 13 anos (ou se estiver abaixo da idade legal mínima em seu país para usar nossos Produtos).

- Você tiver sido condenado por crime sexual.

- Nós tivermos desativado anteriormente sua conta por violações

Facebook
de nossos Termos ou Políticas.

- Você estiver proibido de receber nossos produtos, serviços ou software de acordo com as leis aplicáveis.

2. O que você pode compartilhar e fazer no Facebook

Queremos que as pessoas usem o Facebook para se expressar e compartilhar conteúdo que seja importante para elas, mas não às custas da segurança e do bem-estar de outras pessoas ou da integridade de nossa comunidade. Por isso, você concorda em não adotar o comportamento descrito abaixo (nem facilitar ou apoiar que outras pessoas o façam):

1. Você não pode usar nossos Produtos para fazer ou compartilhar algo:

   - Que viole estes Termos, nossos Padrões da Comunidade e outros termos e políticas aplicáveis ao seu uso do Facebook.
   - Que seja ilegal, enganoso, discriminatório ou fraudulento.
   - Que infrinja ou viole o direito de outras pessoas, incluindo direitos de propriedade intelectual.

2. Você não pode carregar vírus ou códigos mal-intencionados, nem fazer algo que possa desativar, sobrecarregar ou afetar o funcionamento adequado ou a aparência dos nossos Produtos.

3. Você não pode acessar ou coletar dados de nossos Produtos usando meios automatizados (sem nossa permissão prévia) ou tentar acessar dados que não tenha permissão para acessar.

Podemos remover ou restringir o acesso ao conteúdo que viole essas disposições.

Se removermos conteúdo que você compartilhou por violação a nossos Padrões da Comunidade, avisaremos a você e explicaremos suas opções para solicitar outra análise, a menos que você viole de forma grave ou repetida estes Termos ou faça algo que possa expor a nós ou outros a responsabilidades legais; prejudicar nossa comunidade de usuários; comprometer ou interferir na integridade ou operação de qualquer um de nossos serviços, sistemas ou Produtos; quando formos restritos devido a limitações técnicas; ou quando formos proibidos de fazê-lo por motivos legais.

Para ajudar a apoiar nossa comunidade, incentivamos você a denunciar conteúdo ou conduta que considere violar seus direitos (incluindo direitos de propriedade intelectual) ou nossos termos e políticas.

Também poderemos remover ou restringir o acesso ao seu conteúdo, serviços ou informações se determinarmos que isso é razoavelmente necessário para evitar ou reduzir impactos jurídicos ou regulatórios adversos para o Facebook.

3. As permissões que você nos concede

Precisamos de algumas permissões suas para fornecer nossos serviços:

1. Permissão para usar o conteúdo que você cria e compartilha: o conteúdo que você compartilha ou carrega, como fotos e vídeos, pode ser protegido por leis de propriedade intelectual.

   Você é proprietário dos direitos de propriedade intelectual (como direitos autorais ou marcas registradas) sobre o conteúdo que cria e compartilha no Facebook e em outros Produtos das Empresas do Facebook que você usa. Nada nestes Termos afasta os direitos que você possui sobre seu próprio conteúdo. Você é livre para

Facebook

compartilhar seu conteúdo com qualquer pessoa, onde você quiser.

No entanto, para fornecer nossos serviços, precisamos que você nos conceda algumas permissões legais (conhecidas como "licença") para usar esse conteúdo. Isso é apenas para fins de fornecimento e melhoria dos nossos Produtos e serviços como descrito na Seção 1 acima.

Especificamente, quando você compartilha, publica ou carrega conteúdo protegido por direitos de propriedade intelectual em nossos Produtos ou em conexão com nossos Produtos, você nos concede uma licença não exclusiva, transferível, sublicenciável, isenta de royalties e válida mundialmente para hospedar, usar, distribuir, modificar, veicular, copiar, executar publicamente ou exibir, traduzir e criar trabalhos derivados de seu conteúdo (de modo consistente com suas configurações de privacidade e do aplicativo). Isso significa, por exemplo, que se você compartilhar uma foto no Facebook, você nos dará permissão para armazená-la, copiá-la e compartilhá-la com outras pessoas (mais uma vez, de modo consistente com suas configurações), como os provedores de serviços que fornecem suporte para nosso serviço ou outros Produtos do Facebook que você usa. Essa licença será encerrada quando o conteúdo for excluído de nossos sistemas.

Você pode excluir conteúdo individualmente ou todo de uma vez excluindo sua conta. Saiba mais sobre como excluir sua conta. Você pode baixar uma cópia dos seus dados a qualquer momento antes de excluir sua conta.

Quando você excluir o conteúdo, ele deixará de estar visível para outros usuários. No entanto, ele poderá continuar a existir em outros locais nos nossos sistemas quando:

- A exclusão imediata não for possível devido a limitações técnicas (neste caso, seu conteúdo será excluído em, no máximo, 90 dias de quando você o excluiu);

- Seu conteúdo tiver sido usado por outras pessoas de acordo com essa licença, e elas não o excluíram (neste caso, a licença continuará a ser aplicável até que aquele conteúdo seja excluído); ou

- A exclusão imediata restringiria nossa capacidade de:

  - Investigar ou identificar atividade ilegal ou violações aos nossos termos e políticas (por exemplo, para identificar ou investigar o uso indevido de Produtos ou sistemas);

  - Cumprir uma obrigação legal, como a preservação de provas; ou

  - Atender a uma solicitação de uma autoridade judicial ou administrativa, de aplicação da lei ou de uma agência governamental;

Neste caso, o conteúdo será mantido apenas pelo tempo necessário para os fins para os quais foi retido (a duração exata variará caso a caso).

Em cada caso acima, a licença será mantida até que o conteúdo tenha sido totalmente excluído.

2. Permissão para usar seu nome, foto do perfil e informações sobre suas ações com anúncios e conteúdo patrocinado: você nos concede permissão para usar seu nome, foto do perfil e informações sobre ações realizadas no Facebook, próximos ou relacionados a anúncios, ofertas e outros conteúdos patrocinados que exibimos em nossos Produtos, sem o pagamento de qualquer

Facebook

remuneração a você. Por exemplo, podemos mostrar para seus amigos que você tem interesse em um evento anunciado ou que você curtiu uma Página criada por uma marca que nos pagou para exibir anúncios no Facebook. Anúncios assim podem ser vistos somente por pessoas que têm sua permissão para ver as ações que você realiza no Facebook. Saiba mais sobre suas configurações e preferências de anúncios.

3. Permissão para atualizar software que você usar ou baixar: se você baixar ou usar nosso software, você nos dará permissão para baixar e instalar atualizações para o software quando disponíveis.

4. Limites no uso de nossa propriedade intelectual

Se você usar conteúdo protegido por direitos de propriedade intelectual que detemos e disponibilizamos em nossos Produtos (por exemplo, imagens, desenhos, vídeos ou sons fornecidos por nós que você adiciona ao conteúdo que cria ou compartilha no Facebook), nós manteremos todos os direitos sobre esse conteúdo (mas não sobre o conteúdo de sua propriedade). Você só pode usar nossos direitos autorais ou marcas comerciais (ou quaisquer marcas semelhantes) conforme expressamente permitido por nossas Diretrizes de Uso de Marca ou com nossa permissão prévia por escrito. Você deve obter nossa permissão por escrito (ou permissão sob uma licença de código aberto) para modificar, criar trabalhos derivados, descompilar ou de outra forma tentar extrair o código-fonte de nós.

Voltar ao topo

4. Disposições adicionais

1. Atualização de nossos Termos

Trabalhamos constantemente para aperfeiçoar nossos serviços e desenvolver novos recursos para tornar nossos Produtos melhores para você e para nossa comunidade. Como resultado, poderemos atualizar estes Termos periodicamente para que eles reflitam de forma precisa nossos serviços e práticas. Somente faremos alterações se as provisões não forem mais adequadas ou caso se mostrem incompletas, e apenas se as alterações forem razoáveis e levarem em consideração seus interesses.

Você será notificado (por exemplo, por email ou por meio de nossos Produtos) no mínimo 30 dias antes de alterarmos estes Termos e terá a oportunidade de analisar tais alterações antes que entrem em vigor, salvo quando exigidas por lei. Uma vez que os Termos atualizados entrem em vigor, você estará vinculado a eles se continuar usando nossos Produtos.

Esperamos que você continue usando nossos Produtos, mas se não concordar com nossos Termos atualizados e não quiser mais fazer parte da comunidade do Facebook, você poderá excluir sua conta a qualquer momento.

2. Suspensão ou encerramento da conta

Queremos que o Facebook seja um espaço em que as pessoas se sintam bem-vindas e seguras para se expressar e compartilhar seus pensamentos e ideias.

Se entendermos que você violou nossos Termos ou Políticas de forma manifesta, grave ou recorrente, inclusive nossos Padrões da Comunidade

Facebook

~~manifesta, grave ou recorrente, inclusive nossos Padrões da Comunidade~~ em particular, poderemos suspender ou desativar permanentemente o acesso a sua conta. Poderemos também suspender ou desativar sua conta se você violar recorrentemente os direitos de propriedade intelectual de outra pessoa ou quando formos obrigados por motivos legais.

Se realizarmos essas ações, avisaremos a você e explicaremos suas opções para solicitar uma análise, a menos que isso possa nos expor ou a outros a responsabilidades legais; prejudicar nossa comunidade de usuários; comprometer ou interferir na integridade ou operação de qualquer um de nossos serviços, fontes ou Produtos; quando formos restritos devido a limitações técnicas; ou quando formos proibidos de fazê-lo por motivos legais.

Saiba mais sobre o que você pode fazer se sua conta for desativada e como entrar em contato conosco se acreditar que desativamos sua conta por engano.

Se você excluir ou se nós desativarmos sua conta, estes Termos serão encerrados como um acordo entre você e nós, mas as seguintes disposições continuarão vigentes: 3, 4.2-4.5.

3. Limites da responsabilidade
Trabalhamos continuamente para fornecer os melhores Produtos possíveis e especificar diretrizes claras para todos os usuários. Nossos Produtos, no entanto, são fornecidos "no estado em que se encontram", e não damos nenhuma garantia de que eles sempre serão seguros, ou estarão livres de erros, ou de que funcionarão sem interrupções, atrasos ou imperfeições. No limite permitido por lei, também nos EXIMIMOS DE TODAS AS GARANTIAS, EXPLÍCITAS OU IMPLÍCITAS, INCLUSIVE AS GARANTIAS IMPLÍCITAS DE COMERCIABILIDADE, ADEQUAÇÃO A UMA DETERMINADA FINALIDADE, TÍTULO E NÃO VIOLAÇÃO. Não controlamos nem orientamos o que as pessoas e terceiros fazem ou dizem e não somos responsáveis pela conduta deles (seja online ou offline) ou por qualquer conteúdo que compartilham (inclusive conteúdo ofensivo, inadequado, obsceno, ilegal ou questionável).

Não podemos prever quando problemas poderão decorrer de nossos Produtos. Sendo assim, nossa responsabilidade é limitada à máxima extensão permitida pela lei aplicável e, sob nenhuma circunstância, seremos responsáveis perante você por qualquer perda de lucros, receitas, informações ou dados, ou, ainda, por danos eventuais, especiais, indiretos, exemplares, punitivos ou acidentais decorrentes de ou relativos a estes Termos ou aos Produtos do Facebook, ainda que tenhamos sido avisados da possibilidade de tais danos.

4. Contestações
Tentamos fornecer regras claras de modo a limitar ou até evitar conflitos entre você e o Facebook. No entanto, se surgir um conflito, é útil saber antecipadamente onde ele poderá ser resolvido e quais leis serão aplicáveis.

Se você for um consumidor, as leis do país em que você reside serão aplicáveis a qualquer reivindicação, causa de ação ou conflito que você tiver contra nós decorrente de ou relacionado a estes Termos ou aos Produtos do Facebook, e você poderá resolver sua reivindicação em qualquer tribunal competente nesse país que tenha jurisdição para tanto. Em todos os outros casos, você concorda que a reivindicação deverá ser resolvida exclusivamente no Tribunal Distrital dos Estados Unidos para o Distrito Norte da Califórnia ou em um tribunal estadual localizado no Condado de San Mateo. Você também concorda em se submeter à jurisdição pessoal de qualquer um desses tribunais com a finalidade de litigar qualquer reivindicação e que as leis do Estado da Califórnia regerão

Facebook

estes Termos e qualquer reivindicação, sem levar em conta disposições de conflito de leis.

5. Outro

1. Estes Termos (anteriormente conhecidos como Declaração de Direitos e Responsabilidades) constituem o acordo integral entre você e o Facebook, Inc. relativamente a seu uso de nossos Produtos. Eles substituem quaisquer acordos anteriores.

2. Alguns dos Produtos que oferecemos são também regidos por termos complementares. Se você usar algum desses Produtos, termos complementares serão disponibilizados e integrarão nosso acordo com você. Por exemplo, se acessar ou usar nossos Produtos para fins comerciais ou empresariais, como comprar anúncios, vender produtos, desenvolver aplicativos, administrar um grupo ou Página para sua empresa ou usar nossos serviços de mensuração, você deverá concordar com nossos Termos Comerciais. Se publicar ou compartilhar conteúdo com música, você deverá concordar com nossas Diretrizes de Música. Se quaisquer termos complementares conflitarem com estes Termos, os termos complementares prevalecerão na extensão do conflito.

3. Se qualquer parte destes Termos for considerada como não aplicável, a parte restante permanecerá em pleno vigor e efeito. Se falharmos em executar qualquer parte destes Termos, isso não será considerado como uma renúncia. Quaisquer alterações ou renúncias destes Termos devem ser feitas por escrito e assinadas por nós.

4. Você não transferirá qualquer de seus direitos ou obrigações previstos nestes Termos para qualquer outra pessoa sem nosso consentimento.

5. Você pode designar uma pessoa (chamada "contato herdeiro") para administrar sua conta caso ela seja transformada em memorial. Somente seu contato herdeiro ou uma pessoa que você tenha identificado em um testamento válido ou documento semelhante que expresse consentimento claro para divulgar seu conteúdo em caso de morte ou incapacidade poderá buscar a divulgação de sua conta depois que ela for transformada em memorial.

6. Estes Termos não conferem quaisquer direitos de terceiros beneficiários. Todos os nossos direitos e obrigações previstos nestes Termos são livremente transferíveis por nós em caso de fusão, aquisição, venda de ativos ou por força de lei ou outro fator.

7. Você deve estar ciente de que nós podemos ter que alterar o nome de usuário de sua conta em determinadas circunstâncias (por exemplo, se outra pessoa reivindicar tal nome de usuário e entendermos que ele não tem relação com o nome que você usa em sua vida cotidiana). Você será notificado com antecedência e receberá uma explicação sobre a alteração caso tenhamos que fazê-las.

8. Sempre apreciamos receber seu feedback e outras sugestões sobre nossos produtos e serviços. Mas esteja ciente de que podemos usá-los sem qualquer restrição ou obrigação de remunerar você, e não temos o dever de mantê-los sob confidencialidade.

9. Nós nos reservamos todos os direitos não concedidos expressamente a você.

25/08/2021   Facebook

Voltar ao topo

5. Outros termos e políticas que podem se aplicar a você

- Padrões da Comunidade: essas diretrizes descrevem nossos padrões em relação ao conteúdo que você publica no Facebook e às suas atividades no Facebook e em outros Produtos do Facebook.

- Termos Comerciais: esses termos são aplicáveis caso você também acesse ou use nossos Produtos para qualquer finalidade comercial ou empresarial, incluindo publicidade, operação de um aplicativo em nossa Plataforma, uso de nossos serviços de mensuração, administração de um grupo ou uma Página para uma empresa ou venda de bens ou serviços.

- Políticas de Publicidade: essas políticas especificam quais tipos de conteúdo de anúncio são permitidos por parceiros que anunciam nos Produtos do Facebook.

- Termos de Autoatendimento de Publicidade: esses termos são aplicáveis quando você usa as interfaces de autoatendimento de publicidade para criar, enviar ou veicular publicidade ou outra atividade ou conteúdo comercial ou patrocinado.

- Políticas de Páginas, Grupos e Eventos: essas diretrizes são aplicáveis se você cria ou administra uma Página, grupo ou evento do Facebook ou se usa o Facebook para divulgar ou administrar uma promoção.

- Política da Plataforma do Facebook: essas diretrizes descrevem as políticas aplicáveis a seu uso de nossa Plataforma (por exemplo, para desenvolvedores ou operadores de um aplicativo ou site da Plataforma ou se você usa plugins sociais).

- Termos de Pagamento do Desenvolvedor: esses termos se aplicam aos desenvolvedores de aplicativos que usam os Pagamentos do Facebook.

- Termos de Pagamento da Comunidade: esses termos se aplicam aos pagamentos feitos no ou por meio do Facebook.

- Políticas Comerciais: essas diretrizes descrevem as políticas aplicáveis quando você oferece produtos e serviços para venda no Facebook.

- Recursos da marca Facebook: essas diretrizes descrevem as políticas que se aplicam ao uso das marcas comerciais, logotipos e capturas de tela do Facebook.

- Diretrizes de Música: essas diretrizes descrevem as políticas que se aplicam caso você publique ou compartilhe conteúdo com música no Facebook.

- Políticas do Live: essas políticas se aplicam a todo o conteúdo transmitido no Facebook Live.

Data da última revisão: 22 de outubro de 2020

Português (Brasil) English (US) Español Français (France) Italiano Deutsch العربية हिन्दी 中文(简体) 日本語

Cadastre-se   Entrar   Messenger   Facebook Lite   Watch   Locais   Jogos   Marketplace   Facebook Pay   Vagas de emprego   Oculus   Portal   Instagram
Local   Campanhas de arrecadação de fundos   Serviços   Central de Informações de Votação   Sobre   Criar anúncio   Criar Página   Desenvolvedores   Carreiras
Privacidade   Cookies   Escolhas para anúncios   Termos   Ajuda

Facebook © 2021

https://pt-br.facebook.com/legal/terms

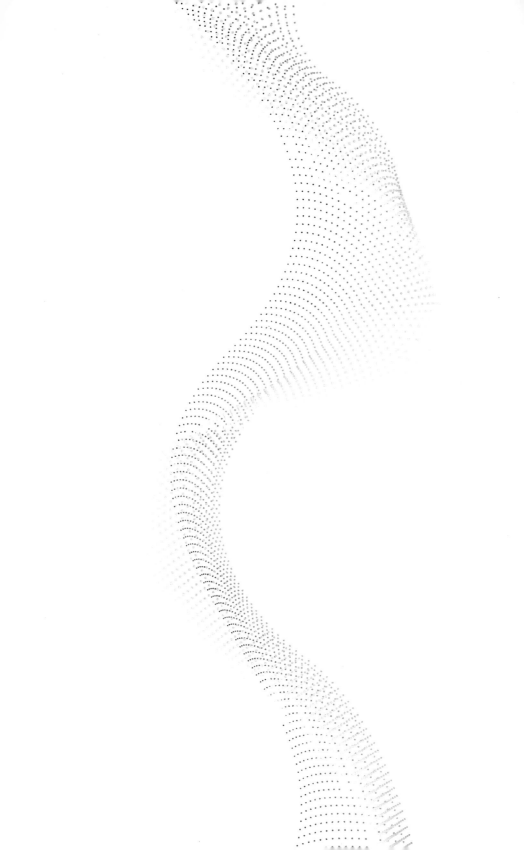